Dr. med. Björn Hollensteiner
Fotografie: Julia Hildebrand

# DER BROTDOC

# Heimatbrote

## Traditionsreiche Brote aus dem eigenen Ofen

Mit Sauerteig, Vorteig & Co.

CHRISTIAN

# INHALT

# VORWORT

Die Idee zu diesem Buch wächst in meinem Kopf schon seit fast zehn Jahren. Zu Beginn habe ich vor allem deshalb selbst Brot gebacken, weil ich mich nach dem Geschmack jener Brotsorten sehnte, die ich aus meiner Kindheit oder von Reisen her kannte. Brotsorten, die es in der Nähe entweder nicht zu kaufen gab oder deren Qualität nicht mehr so war wie früher.

Es begann mit dem französischen Baguette. Das Nachbacken von traditionellen Rezepten für Baguette führte mich auf die Fährte mir bislang unbekannter Backmethoden und Rezepten, die mit Vorteigen, Sauerteigen und langer Teigführung mit geringen Triebmittelmengen und natürlichen Rohstoffen arbeiteten. Ich fand heraus, dass in der modernen Bäckerei die traditionelle Herstellungsweise oft verlassen wurde. Aus ökonomischen Gründen kommen lebensmittelchemische Zusätze, künstliche Teigsäuerungsmittel und hohe Triebmittelmengen zum Einsatz. Das lieferte eine schlüssige Erklärung, warum sich der Geschmack der Backwaren in den fünf Jahrzehnten meines Lebens wahrscheinlich nicht nur gefühlt verändert hat. Die Versuche, meine persönlichen Lieblingsbrote aus der Kindheit mit traditionellen Methoden nachzubacken, führten nach kurzer Zeit zum Erfolg. Als Westfale wuchs ich in den 70er- und 80er-Jahren des 20. Jahrhunderts mit Paderborner Landbrot, Kasseler, Bauernstuten und Schwarzbrot auf. Rezepte zu diesen Broten habe ich in den ersten Jahren meiner Bloggertätigkeit häufiger veröffentlicht und sie zählen noch immer zu den beliebtesten Beiträgen auf meiner Seite.

Ich bin der festen Überzeugung, dass es vielen anderen Menschen auch so geht wie mir. Sie wünschen sich wieder ein Brot, wie sie es aus ihrer Kindheit und Jugend kennen. Für solche Menschen habe ich dieses Buch geschrieben. Nehmen Sie das Heft einfach selbst in die Hand! Dieses Buch bietet Ihnen viele Rezepte für traditionelle Brote und Brötchen, die womöglich Ihre Eltern und Großeltern schon verzehrt haben. Brotsorten aus allen Ecken Deutschlands, Österreichs und der Schweiz warten darauf, von Ihnen entdeckt und nachgebacken zu werden.

Ich wünsche Ihnen viel Erfolg beim Backen der Traditionsbrote und -brötchen und noch viel mehr Genuss beim Verzehr!

Dr. Björn Hollensteiner

der brotdoc
Dr. Björn Hollensteiner

# HEIMAT- & *Traditionsbrote*

# WAS SIND TRADITIONS- UND HEIMATBROTE?

Traditions- und Heimatbrote sind für meine Begriffe Brotsorten, die es schon lange gibt. Zumindest zwei bis drei Generationen dürften diese Sorten schon kennen. Sie sollten einen gewissen regionalen Charakter haben, eine regionale Entstehungsgeschichte aufweisen oder an ein Brauchtum geknüpft sein. Solche Brote wecken bei vielen Menschen Erinnerungen an die Kindheit, an Reisen oder an besondere Ereignisse in ihrem Leben.

Der Geschmackssinn ist eine unterschätzte Komponente des menschlichen Gedächtnisses, ähnlich dem Geruchssinn. Beide Sinne wecken nach meiner Erfahrung unterbewusstere Erinnerungsstrukturen als das Sehen und Hören. Sie setzen mit der Erinnerung verbundene Gefühle frei, an die wir uns ohne diese Sinne nicht so intensiv erinnern würden.

Nicht selten sind diese Brotsorten nicht mehr oder nicht mehr in der erinnerten Qualität im Handel verfügbar. Sie mussten Rezeptneuschöpfungen und Trendbrotsorten weichen. Bei anderen wurde die Herstellung rationalisiert, indem die alten Rezepte zugunsten vermeintlich wirtschaftlich günstigerer Produktionsmethoden verlassen wurden. Beispielsweise durch Einsatz von Teigsäuerungsmitteln oder Fertigsauerteig.

Brot aus Deutschland und dem deutschsprachigen Raum genießt dennoch auf der ganzen Welt einen hervorragenden Ruf – und das nicht ohne Grund. Die auch heute noch verfügbare Brotvielfalt mit an die 3200 eingetragenen Brot- und Kleingebäcksorten ist weltweit unerreicht und wurde deswegen von der UNESCO zum »immateriellen Weltkulturerbe« ernannt.

Bei aller berechtigten Kritik an der Zunahme von industriellen und industriell anmutenden Prozessen bei der Brotherstellung gibt es noch an vielen Orten traditionelle Sorten und Herstellungsweisen. Im deutschsprachigen Raum kam es nie zu einem breitflächigen Verschwinden kleiner, lokaler Bäckereien und deren weitgehendem Ersatz durch industrielle Brotproduktion, wie es in anderen europäischen Ländern in der zweiten Hälfte des 20. Jahrhunderts geschah. Zudem sind Sorten erhalten geblieben, die auf eine lange Geschichte zurückblicken und die es so nur im deutschsprachigen Raum gibt.

Grundsätzlich ist es auch heute noch so, dass Bäckereien einen gewissen Grundstock an Brotsorten in ihrem Sortiment behalten haben, den es dort schon viele Jahre oder Jahrzehnte gibt. Die Stammkundschaft hat sich an bestimmte Sorten gewöhnt und bemerkt qualitative Schwankungen. Dennoch gibt es unter vielen Menschen das unbestimmte Gefühl, dass die Brote nicht mehr wie früher schmecken.

Bei Traditionsbroten sollte vollständig auf moderne, lebensmittelchemische Backmittel oder Vormischungen verzichtet werden. Diese sind unnötig, denn die Brote konnten schon in guter Qualität hergestellt werden, bevor es diese Hilfsmittel gab. In Traditionsbrote gehören nur jene Zutaten, die die Natur hervorbringt oder die durch wenige technische Verarbeitungsschritte aus Naturprodukten entstanden sind wie zum Beispiel Malz. Zum Einsatz kommen nur Natursauerteige, die vor der Teigherstellung ausreichend Zeit zur Reifung hatten.

Qualität und Gelingen dieser Brotsorten sind von Erfahrung und Können des Bäckers abhängig, der sich an die Bedingungen täglich neu anpassen kann. Der Konsument schmeckt den Unterschied und wahrscheinlich verträgt er das natürliche und backmittelfrei hergestellte Brot auch besser. Die traditionelle Herstellungsweise von Brot befindet sich auch im Profibereich glücklicherweise wieder im Aufwind. Der Wunsch nach natürlichen und naturbelassenen Lebensmitteln wird auch in den Backstuben der Profis zunehmend verstanden und zum Anlass genommen, wieder nach alten Rezepten zu backen.

## WARUM EIN BUCH ÜBER TRADITIONSBROTE?

Es ist an der Zeit zurückzublicken, wie unser Brot früher gemacht wurde. Einen Schritt zurückzutreten und zu rekapitulieren, ob alle Innovationen der letzten 40 Jahre in den Bäckereien wirklich eine Verbesserung gebracht haben. Als Hausarzt muss ich darauf leider eine negative Antwort geben. In den Sprechstunden meiner Kollegen und mir häufen sich die Fälle von Menschen, die Brot schlechter vertragen als früher. Das kann nicht nur mit den Lebensumständen der Bevölkerung zu tun haben.

Es ist zu beobachten, dass die Beschwerden dieser Menschen in vielen Fällen deutlich zurückgehen, wenn sie die Brotherstellung selbst in die Hand nehmen und nach traditionellen Rezepten backen. Oder wenn sie das Glück haben, bei einer Bäckerei einkaufen zu können, die ebenfalls noch traditionelles Brot anbietet.

Unter den Hobbybäckern ist in den letzten Jahren auch ein Trend entstanden, sich technisch »anspruchsvolleren« Weizenbrotsorten zuzuwenden, deren Herstellung in vielen Fällen nur durch Verwendung von Hochleistungs-Mahlprodukten wie Manitobamehl möglich ist. Die dabei angewandten Techniken und Arbeitsschritte sind spannend, interessant und stellen eine Herausforderung dar, sind aber im Grunde nichts Neues. Eine neue Spielart eines alten Geschäfts. Denn es ist keineswegs banal, ein Kasseler Landbrot in optimaler Qualität zu backen, und noch viel anspruchsvoller, ein Roggenschrot- oder Vollkornbrot ohne Backfehler herzustellen.

Dieses Buch ist ausdrücklich kein Appell zu einer Rückwärtsgewandtheit und gegen Innovationen in deutschen Backstuben und Küchen, sondern ein Versuch, das Gute und Bewährte vergangener Zeiten zu bewahren und den Leserinnen und Lesern wieder bewusst zu machen. Dieses Buch soll einen kleinen Teil dazu beitragen, damit manche Brotsorten nicht irgendwann verschwunden sind.

## WOHER STAMMEN DIE REZEPTE?

Authentische Rezepte für solche Brotsorten sind nicht leicht zu finden. Sie werden von den meisten Profis verständlicherweise als Betriebsgeheimnis betrachtet und gut gehütet. Manche haben solche Rezepte auch gar nicht mehr. Während meiner Recherchen und Anfragen im Profibereich stieß ich nicht nur einmal auf eine zwar freundliche, aber dennoch klare Zurückweisung meiner Bitte um Rezeptbeispiele.

In gewissen Grenzen ist das nachvollziehbar. Aber gerade in Zeiten, in denen Transparenz und Authentizität ein wichtiges Auswahlkriterium für Kunden geworden sind, ist es auch sehr kontraproduktiv. Was wäre einfacher als die Preisgabe eines Rezeptes, um nachzuweisen, dass das eigene Produkt »sauber« ist und man es ehrlich meint? Einer der wichtigsten Gründe für den Boom beim Heimbacken ist schließlich die echte oder gefühlte Intransparenz in den Bäckereien.

Schwäbisches Albbrot

Elsässer Bauernbrot

Brotrezepte aus dem Mittelalter sind zum Teil zwar überliefert, aber aufgrund der oft fehlenden genauen Mengenangaben und Zutatenbeschreibungen nur schwer zu reproduzieren. Mehle und andere Zutaten sind zudem heute qualitativ nicht mit jenen vergleichbar, die damals verwendet wurden. In antiquarischen Rezeptbüchern aus dem frühen 20. Jahrhundert ist es schon wahrscheinlicher, Rezepte und rezeptartige Beschreibungen zu bestimmten Brotsorten zu finden. Allerdings sind diese in einem anderen Stil verfasst, als es heute üblich ist. Ein gutes Beispiel findet sich im Rezeptbuch des Duisburger Bäckers Georg Schöllgen aus dem Jahr 1920. Dort fasst er unter der Bezeichnung »Sauerbrot auch wohl Graubrot oder Paderbornerbrot genannt« Rezepte von damals üblichen und beliebten Brotsorten im »Industriegebiet« (Ruhrgebiet) zusammen.

*»Ein kluger Bäckermeister passt seine Ware immer dem Geschmack seiner Kundschaft an. Nur sind diese Geschmäcke aber sehr verschieden. In einem großen Teile der Rheingegend wird Graubrot fast nur mit Hefe hergestellt. In Westfalen benutzt man zu diesem Sauerteig. Aber es gibt auch dort Gegenden, wo dem Vollsauer etwas Hefe zugesetzt wird. Hefenbrot wird aber leicht trocken und schmeckt dann fade. Auch Brot von Sauerteig und Hefe wird schneller trocken als Brot, welches nur mit Sauerteig hergestellt wird.*

*Paderborner, Oehnhauser [sic], Salzkottener, Warburger und auch Waldecker Brot, das in Waggonladungen ins Industriegebiet kommt, und daher erst am dritten oder vierten Tage zum Verkauf kommen kann, ist immer saftig, weil es ausschließlich nur mit Sauerteig gebacken wird. Es kommt ja auch auf den Zusatz von Weizenmehl an. Dieser Zusatz ist immer wieder von den Preisen beider Mehlarten abhängig. 10–20 % Weizenmehl-Zusatz zu Sauerbrot genügt. Es gibt aber auch Bäckereien, in denen nur Roggenmehl zu Sauerbrot verwendet wird, und diese haben auch ihre Abnehmer. Bei einem mit richtig geführtem Sauer hergestellten Roggenbrot (70 % Ausmahlung), auch wenn noch 5 Prozent Weizenmehl zugesetzt sind, duftet uns, wenn geschnitten, ein herrliches*

*Brot-Aroma entgegen. Es kommt aber auf einen richtigen Sauer an, natürlich muss auch das Roggenmehl beste Ware sein. Auch ist ein schnelles Anbacken und ein kurzes scharfes Ausbacken zu einem schmackhaften Brot erforderlich. Ein Zusatz von ½ Pfd. Milliose auf 200 Pfd. Mehl gerechnet, in den Vollsauer lässt bei richtiger Verhandlung das Brot niemals im Geschmack sauer erscheinen. Ebenso sind 3 % Millifarin oder Secafarin ein so großer Vorteil für den Bäcker, den ich schon bei Vollkornbrot hervorgehoben habe.*

*Alles was oben gesagt ist, gilt bei freigeschobenem (Casseler) Brot. 20–30 Prozent Weizenmehl-Zusatz ist aber erforderlich. Oben genannte Backhilfsmittel wirken sich bei diesem Brot noch besser aus, weil der Teig weicher gehalten wird. Auch ist ebenso ein kurzes scharfes An- und Ausbacken zu einem guten Brot die Hauptbedingung.«* (Schöllgen, 1920)

Das ist alles. Keine genauen Zutatenmengen, keine Angaben zur Teigausbeute oder zur Salzmenge. Keine Angaben zur Sauerteigführung oder zu üblichen Reifezeiten. Solche Dinge wurden in den Betrieben wohl individuell anders gehandhabt und waren dem Autor offenbar nicht der Erwähnung wert. Die im Text genannten Backhilfsmittel »Milliose« und »Millifarin« und »Secafarin« waren Produkte des Backmittelherstellers IREKS, den es heute noch gibt. Es handelt sich um Malzbackmittel und Quellmehle, die die Wasseraufnahme unterstützten und damit die Krumen saftiger machten. Andere Rezepte in vorgenanntem Buch enthalten zumindest genauere Angaben zu den Zutatenmengen und ungefähren Herstellungsschritten und Reifezeiten:

*»Rheinisches Schwarzbrot. (Für 10 Backkästen der Firma Wülbern)*

*Es ist erforderlich ca. 130 Pfd. groben Roggenschrot. 5 Stunden vor dem Teigmachen werden 10 Liter lauw. Wasser und 5 Pfd. Sauerteig angesetzt. Dieser Ansatz wird nach 2 Stunden mit 4 l. lauwarmem Wasser aufgefrischt. Beim Teigmachen setze man 1 Pfd. Salz zu. Das erforderliche Wasser nehme man lauwarm. Den Teig lasse man nach Fertigstellung ¼ Std. liegen, bevor man mit dem Aufmachen der Brote beginnt. Die Teigeinlage beträgt für jede Form 6,3 Pfd. Das Brot wird mit einem dazu passenden Brettchen in der Form beigedrückt. Wenn die Brote etwas gegährt [sic] sind, drehe man den Kasten herum, sodaß dieser auf der Deckelleiste ruht und lasse denselben so 15–20 Minuten liegen. Alsdann drehe man denselben wieder herum. Wenn die Brote genug gegährt [sic] sind, kommen die Kästen in den Ofen. Die Außenseite der Kästen setzte man mit nassen Brettern ab. Die Backzeit beträgt ca. 4 ½ Stunden bei 180–190 Grad. […] Die Brote kühl und luftig, wenn möglich im Keller aufbewahren. Dieses Brot bleibt lange frisch und saftig.«* (Schöllgen, 1920)

Bauernmädchen mit Pumpernickel um 1920

Auch hier wieder kaum Angaben zur Sauerteigführung und keine Angaben zur Teigausbeute oder zum Vorgehen beim Teigkneten. Doch zumindest kann aus diesen Angaben mit etwas Aufwand ein den heutigen Bedürfnissen entsprechendes Rezept errechnet werden. Ich schließe aus den eher spärlichen Angaben, dass damals noch die Erfahrung des Bäckers über eine möglichst präzise Rezeptbeschreibung gestellt wurde. Brotbacken ist eine Tätigkeit, bei der der Backende flexibel auf den Zustand des Teiges reagieren muss. Zu ausführlich und detailliert formulierte Rezepte verführen deren Nutzer dazu, sich in Zeitangaben und Vorgehensbeschreibungen zu verbeißen, anstatt sich nach dem Teig und seinem Zustand zu richten und dabei ihrem natürlichen »Bauchgefühl« zu vertrauen.

Dennoch kommen heutige Rezeptautoren nicht um eine präzisere Formulierung herum. Eine Offenbarung ist deshalb für mich seit Jahren die Buchreihe »Brotland Deutschland Band 1 bis 3« von Franz Josef Steffen. Für Profis verfasst, enthält sie eine Vielzahl traditioneller Brotsorten und deren Herstellungsanleitung inklusive der fachlichen Hintergründe. Die Bücher sind ausschließlich in der Fachsprache verfasst, für Laien ohne Weiteres nicht gut verständlich und zum Teil auch nur noch antiquarisch erhältlich. Manche der Profis, die ich um Rat und Hilfe bat, verwiesen mich auf diese Bücher.

Steffen hat sich, beginnend in den 80er-Jahren des 20. Jahrhunderts, die Mühe gemacht, Rezepte für Traditionsbrote und regionale Spezialitäten im deutschsprachigen Raum zu recherchieren, zu sammeln und in relativ puristischen Grundrezepturen auszudrücken. Die Bücher sollten Anregung für Bäckereibetriebe sein, diese Grundrezepturen als Leitschnur zu nehmen, um eigene Produkte zu entwickeln und zu etablieren.

Vor allem in Band Nr. 1 (1989) sind die Rezepte also noch so, wie sie in den Kindheits- und Jugendtagen der inzwischen älteren Generation gewesen sein müssen. Zu einer Zeit, in der den meisten Bäckereien die großen Herausforderungen der Marktkonzentration und wachsenden Konkurrenz durch Supermarktbrot, Backshops und Aufbackstationen noch bevorstanden. Sie konservieren auch das Wissen um die unterschiedlichen Sauerteigführungen und die damaligen Vorgehensweisen. Leider enthalten sie keine oder nahezu keine Angaben zur Herkunft der Brotsorten und ihrer Geschichte.

Seit Jahren dienten mir diese Bücher als Inspirationsquelle und Leitfaden, wenn ich auf der Suche nach Herstellungsweisen von traditionellen Brotsorten war. Andere Anregungen bekam ich in Diskussionen mit anderen Hobbybäckern oder bei anderen Brotbloggern sowie in Kursen für Profis an der Akademie Deutsches Bäckerhandwerk in Weinheim. Fündig wurde ich, wie oben beschrieben, auch in teils über 100 Jahre alten Lehrbüchern für die Bäckerausbildung. Die in diesem Buch befindlichen 50 Rezepte sind jedoch keine Kopien aus den genannten Werken. Es sind Eigen- bzw. Weiterentwicklungen, die sich grundsätzlich nach den traditionellen Herstellungsanleitungen und Zutatenverhältnissen richten, aber im Interesse einer Tauglichkeit für das Heimbacken angepasst wurden. Und zwar sowohl in Bezug auf die Zutatenmengen, die Zutatenverfügbarkeit als auch viele Rezeptparameter. Wenn in Profirezepten Backhilfsmittel enthalten waren, wurden diese weggelassen und die Rezepte so modifiziert, dass sie auch ohne funktionieren.

Schon in den »nur« etwa 40 bis 50 Jahren, die seit dem Verfassen von »Brotland Deutschland Band 1« vergangen sind, hat sich die Getreide- und Mehlqualität wesentlich verändert, und zwar weitgehend zum Besseren. Heutige Mehle benötigen mehr Flüssigkeit und sehr oft auch eine angepasste Sauerteig- oder Vorteigführung, damit mit ihnen ein mit früher vergleichbares Backergebnis entsteht.

Der Grund dafür ist, dass durch Optimierungen im landwirtschaftlichen Anbau und aufgrund geänderter klimatischer Bedingungen im Mehl die Aktivität getreideeigener Enzyme nachgelassen hat. Das führt zwar zu einer besseren Eignung für lange Teigführungen, bringt aber auch eine Neigung zum Trockenbacken mit sich. Manche Profibäcker vermissen heute die etwas enzymreicheren Mehle »von früher«, mit denen sich saftigere Brotkrumen erreichen ließen. Auf der anderen Seite eignen sich aktuelle deutsche Mehle inzwischen sehr gut für die mediterranen Gebäcke, die im Trend liegen.

Letztlich mag es sein, dass die Rezepte nicht hundertprozentig authentisch sind oder bis auf das Prozent genau jenen Rezeptparametern entsprechen, die früher verwendet wurden. Eine gewisse schöpferische Freiheit vermochte ich in Anspruch zu nehmen, wo es sinnvoll und nötig war. Das ist auch im Profibereich üblich und der Grund dafür, dass Sie in keiner Bäckerei völlig identisch schmeckende und optisch gleiche Brote finden.

Die in diesem Buch enthaltenen 50 Rezepte für traditionelle Brotsorten können Ihnen auch als Grundstock für eigene Rezept-Weiterentwicklungen dienen. In den meisten Fällen bieten die Rezepte Spielraum für Ergänzungen und Modifikationen, um sie Ihren Bedürfnissen anzupassen.

Reifender Teigling (Berliner Landbrot)

# GESCHICHTE *des Brotbackens*

Frankenlaib

Dieses Kapitel fasst die Entwicklung des Brotbackens in Deutschland und den deutschsprachigen Ländern zusammen und erklärt, wie die große Brotvielfalt entstanden ist.

# URSPRÜNGE DES BROTBACKENS

Die Anfänge der Herstellung von Getreideerzeugnissen wie Brot als Nahrungsmittel liegen bereits weit in der vorchristlichen Zeit. Schon bevor mit dem Getreideanbau begonnen wurde, fanden die Menschen Wege, die harten und schwer verdaulichen Samenkörner der wild wachsenden Süßgräser wie Einkorn und Strandbinsen besser verzehrbar zu machen.

Hierzu zerrieben sie die Getreidekörner zwischen Steinen und bereiteten aus dem Schrot und einer Flüssigkeit eine Art Grütze zu, die sie entweder roh oder gekocht verzehrten. Es ist nachgewiesen, dass schon damals das vermahlene Getreide grob gesiebt wurde. Später wurde der Brei zur Haltbarmachung und besseren Transportfähigkeit an der Sonne in Schalen getrocknet.

Um den Trocknungsvorgang zu beschleunigen, wurden aus dem Getreidebrei flache Teigfladen geformt und in heißer Asche, Glut oder in erhitzten Tontellern oder Tontöpfen abgebacken (vgl. Deutsches Brotinstitut). Durch das Backen wurde das Getreideprodukt noch haltbarer und einfacher lagerfähig. Die auf diese Weise entstandenen Brote waren noch nicht fermentiert und ohne die heute üblichen Poren in der Krume. Entsprechende archäologische Funde lassen sich bis in das Jahr 14 400 v. Chr. zurückdatieren (vgl. Süddeutsche Zeitung).

Die Nutzung der Getreidepflanzen als Rohstoff ist bei fast allen Hochkulturen der Welt archäologisch nachvollziehbar. Die Verfügbarkeit von lagerbaren, nahrhaften und energiereichen Lebensmitteln aus Getreide stellt sogar eine wesentliche Voraussetzung für das Bestehen vieler Hochkulturen dar. Den Berufsstand des Bäckers gab es in dieser Zeit mit großer Wahrscheinlichkeit noch nicht. Familien und Hausgemeinschaften stellten Getreidebrei und -grütze sowie in der Herdasche gebackene Teigzubereitungen einzig zur Selbstversorgung her.

In Ägypten scheint im 3. Jahrtausend v. Chr. eine erste »Hochkultur« des Brotes entstanden zu sein. In dieser Zeit wurde mit großer Sicherheit die Teigreifung und Fermentierung durch Sauerteig entdeckt und weiterentwickelt. Die hierdurch erfolgende Auflockerung des Getreideteiges vereinfachte den Verzehr und verbesserte den Geschmack und die Bekömmlichkeit des Brotes.

Aus dieser Zeit sind auch primitive »Backöfen« erhalten geblieben. Das waren üblicherweise aus Lehm oder Steinen geformte gewölbeartige Konstruktionen oder Erdöfen, die durch ein Holzfeuer erhitzt wurden. Nun gab es auch erstmals Menschen, die die Herstellung von Brot zu ihrem Beruf machten, die ersten Bäcker. Sie wurden wahrscheinlich vor allem in größeren Hausständen, Landgütern oder bei Hof tätig.

Die ägyptische Backkultur verbreitete sich über den Nahen Osten und Griechenland bis nach Südeuropa. Aus römischer Herstellung stammen die ersten Backöfen in Kuppelbauweise, die auf einem Unterbau standen (vgl. Deutsches Brotinstitut). Sie wurden von römischen Ingenieu-

Teilrekonstruierte Ruine einer römischen Bäckerei mit Steinbackofen, Kegelmühle und Mehltrögen in Pompeji

ren technisch auf einen Stand gebracht, der als sehr ausgereift gelten darf. Diese Bauweise hatte wesentliche Vorteile bei der Speicherung der Ofenhitze und der Backraum war einfacher zu beschicken. Es gab sie sowohl in kleinerer Ausführung als Hausbackofen als auch in größeren Ausführungen in Bäckereien.

Einer dieser Öfen findet sich in der Ausgrabungsstätte von Pompeji. Um den Ofen herum standen die Kegelmahlsteine, mithilfe derer das Getreide gemahlen wurde. Es gibt Hinweise auf Backtröge, in denen die Teige gemischt wurden und in denen sie reiften. Das Getreide wurde in dieser Zeit meist in den Bäckereien selbst gemahlen.

Die Öfen waren so wie ihre ägyptischen und griechischen Vorbilder direkt befeuert. Sie wurden also vor dem Backen mit Brennmaterial gefüllt und dieses im Ofen kontrolliert abgebrannt. Die Hitze speicherte sich im Ofenboden und in den Steinen der Kuppel. Nach Entfernen der Glut und Asche backte der Bäcker in diesen Öfen die vorbereiteten und gereiften Brotlaibe.

Im gesamten Römischen Reich bestand vor allem in den Städten schon eine fortschrittliche Backkultur, die unterschiedliche Rezepte und Brotsorten kannte. Wie erhaltene Texte nachweisen, verspeisten die wohlhabenderen Römer schon Brötchen und Brotpasteten in großer Vielfalt. Einzelne Bäcker wie zum Beispiel *Marcus Vergilius Eurysaces* gelangten zu solcher Berühmtheit und Wohlstand, dass noch im heutigen Rom große Grabmäler an sie erinnern (vgl. Stahl, 1911).

Von Rom aus wurde diese hohe Backkultur im ganzen Römerreich verbreitet. So gelangte sie etwa um das 4.–5. nachchristliche Jahrhundert herum in das Gebiet, in dem Deutschland, Österreich und die Schweiz heute liegen. An der Technik und Bauweise der nach römischem Vor-

Römischer Steinbackofen in Pompeji

bild gebauten Backöfen änderte sich derweil bis in das beginnende 19. Jahrhundert hinein wenig. In Deutschland nannte man sie »Brustfeueröfen« oder »altdeutsche Backöfen« (vgl. Deutsches Brotinstitut).

Auch heute schaffen sich Laien wie Profis, die besonders traditionelles Brot backen wollen, Steinbacköfen an. Sie funktionieren genauso wie vor 2000 Jahren. Dem darin gebackenen Brot haftet aufgrund der sehr langen Backtradition eine besondere Hybris an, obwohl sie aus technischer, optischer und geschmacklicher Sicht keine besseren Backergebnisse hervorbringen als moderne Backöfen.

## DIE BÄCKER IN DEUTSCHLAND

Die ersten Bäcker wurden in Deutschland um das Jahr 700 urkundlich in der »Lex Alamannorum« (alemannisches Rechtsbuch) erwähnt. Sie waren Leibeigene oder Unfreie, befanden sich also im Besitz eines Herren. Man bezeichnete sie damals als »pistor«, was zugleich Müller, Mehlstampfer und Bäcker bedeutet. Aus diesem Namen leitet sich das Wort »Pfister« ab, das heute noch als Familienname existiert. Eine »Pfisterei« war früher die Mühle und Bäckerei von Klöstern und größeren Landgütern (vgl. Stahl, 1911). Feinere Backwaren aus besseren Mehlen wurden schon damals nach römischem Vorbild vor allem in den Klosterbäckereien hergestellt. Es handelte sich um Semmeln, Brezen, Pasteten und sogenannte Gebildbrote, deren Formgebung zum Beispiel Tiere oder religiöse Symbole darstellten. Ganz anders war es auf dem Land.

*»Draußen, in der Allgemeinheit, ist die Brotbereitung immer noch Sache des Hausfleißes, im kleinen Haushalte wird die Hausfrau damit fertig, in größeren werden Leibeigene herangezogen. Brot ist um diese Zeit noch ein sehr begrenzter Begriff, nichts anderes, als aus grob zermalmtem Hafer mit Wasser angerührte, zu einer steifen Masse geknetete Grütze, von der noch Unkraut und Spelz nicht abgesondert sind, und die in der Herdasche zu kleinen Kuchen gebacken wird.« (Stahl, 1911)*

In der ländlichen Bevölkerung im deutschsprachigen Gebiet wurde solcher Getreidebrei als Hauptnahrungsmittel noch bis weit in das 17. Jahrhundert hinein täglich hergestellt (vgl. Brude, 1964).

Karl der Große sorgte während seiner Regierungszeit Anfang des 9. Jahrhunderts dafür, dass in seinem ganzen Herrschaftsgebiet Kornspeicher errichtet und leistungsfähige Backöfen in den Landgütern und Klöstern erbaut wurden. Zugleich begann man in dieser Zeit auch damit, durch intensive Rodungen für einen effektiveren Ackerbau Platz zu schaffen. Damit waren die Grundvoraussetzungen gegeben, dass sich eine deutsche Backkultur entwickeln konnte.

## »STADTLUFT MACHT FREI«

Zur Zeit der Stadtgründungen im 11. Jahrhundert gelang es vielen Bäckern, die Leibeigenschaft abzuschütteln. Sie zogen in die neu entstandenen Städte und ließen sich dort als Gewerbetreibende nieder. »Stadtluft macht frei« hieß es damals. Da die kontinuierliche Versorgung mit Lebens- und Genussmitteln für eine Stadt unerlässlich war und ist, erlangten Bäcker, Fleischer und Brauer bald eine wichtige und anerkannte Position.

Illustration Bäcker im 16. Jahrhundert

Wirklich »frei« im heutigen Sinne waren die meisten Bäcker in den Städten jedoch nicht. Auch dort herrschten Grundherren, die über das Gewerbe zu entscheiden hatten, die die Backhäuser besaßen, die den Bäckern Geld verliehen und Zins und Tribute einforderten. Die Bäcker hatten sich jedoch eine Stellung zwischen den »Hörigen« und den freien Bürgern erworben und waren so der Leibeigenschaft entflohen. Wie andere Gewerbetreibende auch gründeten die Bäcker »Zünfte«, deren Aufgabe die gegenseitige Unterstützung, die Qualitätskontrolle, die Wahrung der gemeinsamen Interessen und die Regelung der Ausbildung war.

Die Bäckerzünfte, -gilden oder -innungen können auf eine wechselvolle Geschichte zurückblicken. In manchen Städten erlangten sie großen Einfluss und Eigenständigkeit, in anderen Städten

Mittelalterlicher Brotbackofen

wurden sie von der Obrigkeit einer strengen Kontrolle unterworfen. Gesichert ist durch viele Quellen, dass sie fast immer auch einem großen klerikalen Einfluss unterlagen. Oft war es ihre wichtigste Aufgabe, zwischen ihren Mitgliedern bei Konflikten zu vermitteln. Die zunehmende Zahl der Bäckereien in den Städten führte dazu, dass etwa ab dem 12. Jahrhundert mit Sauerteig oder Hefen fermentiertes Brot zum Hauptnahrungsmittel der Menschen wurde.

## WEISS – UND SCHWARZBROTBÄCKER

Das Mittelalter kannte unterschiedliche Arten der Bäckerei. Die einen stellten vorwiegend dunklere, festere Brote aus Roggen und Hafer her, die »Fest-Bäcker« (Schwarzbrotbäcker) oder »protpechen«. Die anderen nutzten hellere Mehle aus Weizen oder Dinkel, um lockerere Gebäcke zu backen. Man nannte sie »Los-Bäcker« (Weißbrotbäcker) oder »phistur« (vgl. Stahl, 1911; vgl. Deutsches Brotinstitut).

Hinzu kamen die sogenannten »Süß-Bäcker«, die Feinbackwaren herstellten. Weißbrotbäcker und Süß-Bäcker wurden in vielen Fällen wohlhabender als Schwarzbrotbäcker. Sie besaßen eigene Backstuben und Öfen und belieferten jene, die sich helleres Brot und Feinbackwaren leisten konnten. Abseits der Städte waren Weißbrotbäcker eher eine Seltenheit.

Die Schwarzbrotbäcker hingegen backten oft ihre Brote in öffentlichen Backhäusern und verkauften sie über die sogenannten »Brotbänke« (vgl. Stahl, 1911). Das waren nichts anderes als Verkaufsstellen für Brot. Im Mittelalter galt auf Märkten die Regel, dass gleichartige Waren am gleichen Ort verkauft werden mussten. Die Brote wurden gewogen und grob auf ihre qualitativen Eigenschaften geprüft, bevor sie zu festen Preisen in den Verkauf gingen. Für die Nutzung der Brotbänke mussten die Bäcker Miete oder Zins entrichten.

In den Städten führte der zunehmende Wohlstand der Patrizier zu Konkurrenz und Missgunst unter den Bäckern. Die besseren Einkünfte der Weißbrotbäcker weckten große Begehrlichkeiten. Die Zünfte sorgten lange Zeit recht streng dafür, dass sich die Schwarz- und Weißbrotbäcker nicht gegenseitig ins Gehege kamen. Damit hatten sie ihre liebe Not, wie viele Dokumente beweisen (vgl. Stahl, 1911).

An dieser Trennung wurde dennoch jahrhundertelang festgehalten. Erst im 17. und 18. Jahrhundert wurde sie von Amts wegen in immer mehr Städten aufgehoben, nachdem die Streitigkeiten zwischen den Schwarz- und Weißbrotbäckern überhandnahmen. Fortan konnte jeder Bäcker selbst entscheiden, was er herstellte.

## BROT UND BROTBACKEN IM MITTELALTER

Die Herstellung der Brote war ein beschwerlicher, von harter körperlicher Arbeit geprägter Vorgang. Die Bäcker führten ihre Teige üblicherweise mit Sauerteig oder Brauhefe. In großen Backtrögen wurde zunächst ein Sauerteigrest vom Vortag oder die Brauhefemasse in warmem Wasser aufgelöst und dann mit so viel Mehl gemischt, dass etwa ein Viertel der geplanten Brotteigmenge entstand. Danach wurde der entstandene Teig mit Mehl bestäubt und zunächst einige Stunden reifen lassen. Hatte er eine hinreichende Reife erreicht, wurde so viel Wasser und Mehl eingemischt, dass sich die Teigmenge verdoppelte. Nun reifte der Teig etwa zwei weitere Stunden, bevor der Rest des Mehls und Wassers zugefügt wurde.

Daraufhin begann das kräftige Durchkneten. Sobald der Teig seine Teigstruktur entwickelte, musste er aufgrund seiner oft großen Massen von teils über 100 Kilogramm in mehrere »Bruchstücke« geteilt werden. Diese wurden dann einzeln von Hand weitergeknetet, indem sie immer wieder aufgezogen und gefaltet oder mit beiden Händen hochgehoben, mit Schwung auf die Arbeitsfläche aufgeschlagen und übereinandergelegt wurden. Diese Technik wird auch heute noch beim Kneten von Hand angewendet. Nach dem Aufziehen vereinigte der Bäcker die Teigstücke wieder zu einem Teig. Dieser reifte erneut etwa eine Stunde.

Während der oben beschriebenen Knet- und Reifephasen musste der Steinbackofen vorgeheizt werden. Zum Backen wurde der Teig in gleich große Stücke geteilt und zu runden Laiben geformt. Nach einer halben bis einer Stunde Reifezeit bestrich sie der Bäcker mit Wasser, damit sie beim Backen einen leichten Glanz bekamen. Dann räumte er die Glut aus dem Ofen, reinigte den Ofenboden mit einem feuchten Lappen und beförderte die Brote hinein.

Die Teiglinge wurden auch damals schon recht genau ausgewogen, damit die Verkaufspreise an den Brotbänken standardisiert werden konnten. Der Verkaufspreis des Brotes wurde von den Räten der Städte festgelegt und überwacht. Das Gewicht der Brote richtete sich vor allem nach dem Getreidepreis.

Roggen, Hafer und Gerste waren das traditionell verbreitetste Brotgetreide im deutschsprachigen Raum. Die sand- und lehmreichen Böden der Norddeutschen Tiefebene und das kühlere, regenreichere Wetter lieferten dafür ideale Anbaubedingungen. Ähnliche Gegebenheiten

Damals wie heute: Wasserdampf sorgt für einen schönen Glanz

herrschten in den Tälern der Mittelgebirge. Dinkel wurde wie Weizen eher im Süden angebaut, vor allem in Schwaben.

Aus Gerste und Hafer wurde aufgrund ihrer geringen Backfähigkeit das Brot der armen Menschen und Knechte gebacken. Die backfähigeren Roggen-, Weizen- und Dinkelmehle verwendeten die damaligen Bäcker für hochwertigeres Brot. Das tägliche Brot war Grundnahrungsmittel, wurde also zu allen Speisen, egal ob morgens, mittags oder abends, gereicht.

Die mittelalterlichen Brotsorten waren vielfältiger, als man glaubt. Dem »benedictus ad mensas«, einer Liste zu segnender Brotsorten des Gelehrten Ekkehard IV. von St. Gallen (980–1057), ist zu entnehmen, dass damals bereits Hörnchen, Hefebrot, Vorlaufbrot (Brot aus hellem Roggenmehl), Dinkel-, Weizen-, Gerste- und Haferbrot, Zwieback sowie verschiedene Kuchensorten hergestellt wurden (vgl. Stahl, 1911).

Allerdings sollten man sich die Brote nicht so vorstellen, wie sie heute vielleicht aussehen und schmecken. Schon die Getreidemehle wiesen nur einen Bruchteil der Reinheit und Feinheit heutiger Mehle auf.

Das Ernten und Dreschen des Getreides geschah von Hand und auf dem Boden, die Spelzen wurden oft nur teilweise entfernt, auch Wildkrautsamen verblieben oft im Getreide. Beim Mahlen auf dem Mahlstein entstand daraus Mehl, das dann gesiebt wurde. Dies war aber bei Weitem nicht so effektiv, gründlich und sauber, wie es modernen Mühlen möglich ist. Die daraus entstandenen Brote waren sicher sehr nahrhaft, wären aber für heutige Gaumen äußerst gewöhnungsbedürftig.

Eine der unerkannten Geißeln der mittelalterlichen Brotproduktion war das »Mutterkorn«, eine giftige Pilzart, die die Ähren der Getreide, vor allem des Roggens, befällt. Werden die zwischen den Getreidekörnern befindlichen dunkelgrau bis schwarz gefärbten Schlauchpilze nicht gewissenhaft vor dem Mahlen entfernt, dann bringen sie in das Mehl hochgiftige Mutterkornalkaloide ein, die zumeist den Backprozess überstehen. Nach dem Verzehr solchen Brotes kommt es zu Darmkrämpfen, Halluzinationen und sogar dem Absterben von Fingern und Zehen aufgrund von Durchblutungsstörungen, des sogenannten Ergotismus. Bei hoher Menge an Mutterkornalkaloiden im Brot kann sogar der Tod durch Ersticken eintreten. Da diese Zusammenhänge im Mittelalter noch nicht bekannt waren, starben nach Schätzungen in manchen Jahren Zehntausende Menschen am Ergotismus, ohne zu wissen, warum. Die Erkrankung der Betroffenen kam wie eine Seuche über die Stadt und konnte von einer solchen auch nicht unterschieden werden.

Als sicher darf gelten, dass im Mittelalter deutlich größere Brote gebacken wurden als heute. Das liegt daran, dass Brot damals das Hauptnahrungsmittel vieler Menschen war und deshalb der Einzelne pro Tag viel mehr davon verzehrte, als es heute üblich ist. Berechnungen zufolge aßen Menschen im Mittelalter pro Kopf und Jahr über 300 Kilogramm Brot, während aktuelle Zahlen aus dem Jahr 2018 nur noch einen Verbrauch von 21 Kilogramm pro Kopf und Jahr nennen (vgl. Deutsches Brotinstitut).

Bekannt ist auch, dass im Mittelalter in Notzeiten alles im Brotteig mit verbacken wurde, was zu Mehl zerkleinert werden konnte, zum Beispiel getrocknete Erbsen, Linsen, Bohnen, Wicken und sogar Eicheln.

## DER ROHSTOFF DER BÄCKER: DAS MEHL

Getreidekörner wurde seit Anbeginn des Getreideverzehrs zwischen Steinen zermahlen und dann durch Sieben zu Mehl verfeinert. Technische Vorrichtungen zu diesem Zweck, wie zum Beispiel die Mahlsteine, wurden über die Jahrtausende immer weiter verbessert.

Schon in den frühen Hochkulturen, vor allem im Römischen Reich, machte sich der Mensch die Wasserkraft zum Antrieb der Mahlsteine zunutze. Wo diese fehlte, mussten Tiere oder der Mensch selbst Kraft anlegen. Im Mittelalter verbreitete sich an jenen Orten, wo keine Gewässer mit ausreichendem Gefälle flossen, die Windmühlen. Das waren entweder sogenannte

Von Hand betriebener Mahlstein

Bockwindmühlen, die auf einem Pfahl standen und so immer in die richtige Windrichtung gedreht werden konnten. Oder ab etwa dem 16. Jahrhundert die »Holländer Windmühlen«, deren Dach mit dem Windrad drehbar war (vgl. Geißler/Drax, 2017).

Die Bauern mussten ihr Getreide zu den Mühlen transportieren, da nur die Müller das Recht zum Getreidemahlen hatten. Die gelieferte Getreidemenge wurde genau ermittelt und darüber auf einem »Kerbholz« Buch geführt. Trotzdem wurde den Müllern im Mittelalter oft zur Last gelegt, beim Vermahlen des Getreides zu betrügen, indem sie vom Mehl etwas abzweigten und auf eigene Rechnung zu Geld machten. In den meisten Fällen waren die Müller wohl aber im Hinblick auf solcherlei »Nebenerwerb« weder ehrlicher noch unehrlicher als andere Handwerker (vgl. Stahl, 1911).

Bis in das 19. Jahrhundert hinein geschah das Mahlen des Getreides in einem Schritt. Das heißt, dass die Körner zwischen zwei eng aufeinanderliegenden Mahlsteinen so fein wie möglich zerrieben wurden (»Flachmüllerei«). Die Schalen und Kleie wurden danach aus dem Mahlprodukt ausgesiebt.

Da es Siebe heutiger Herstellungsart noch nicht gab, wurden oft unterschiedlich fein gewebte Säcke oder Beutel benutzt, aus denen beim Schütteln die feineren Mehlanteile herausrieselten. Daher stammen die Begriffe »beuteln« oder »gebeutelt werden« (vgl. Geißler/Drax, 2017).

Das Trennen der Kleie und Schalen von dem feineren Mehl führte zu einer besseren Backfähigkeit und zu einer besseren Bekömmlichkeit der Produkte. Das Mahlen und Verfeinern des Getreides war ähnlich der Brotherstellung ein ent-

Walzstühle von Ende des 19. Jahrhunderts in einer französischen Wassermühle

behrungsvoller und mühsamer Prozess. Erst zur Zeit der Industrialisierung erfanden Menschen technische Verfahren, die die Produktion von Mehl deutlich vereinfachten und verbesserten.

Das heute übliche Verfahren der mehrfachen Vermahlung der Getreidekörner zwischen immer enger eingestellten Walzen und dazwischengeschalteter Siebung in sogenannten Plansichtern wurde im 19. Jahrhundert technisch zur Reife gebracht. Es wird heute auch als »Hochmüllerei« bezeichnet. Durch dieses Verfahren sind viel reinere und feinere Mehle und die Mischung unterschiedlicher Ausmahlgrade möglich geworden. Zudem konnte hierdurch die Mehlausbeute deutlich erhöht werden. Im deutschsprachigen Raum wird heute nahezu die gesamte Mehlproduktion auf diese Weise durchgeführt (vgl. Geißler/Drax, 2017).

Steingemahlenes Mehl gibt es im deutschsprachigen Raum heute nur noch selten, obwohl solches Mehl oft eine bessere Wasserbindung hat und saftigere Brotkrumen ergibt.

# DIE INDUSTRIALISIERUNGSZEIT IN DER BÄCKEREI

Im Verlaufe des 19. Jahrhunderts erfasste die Industrialisierung und der technische Erfindergeist dieser Zeit auch die Bäckereien. Die Vorläufer moderner Backöfen wurden erfunden, patentiert und in Verkehr gebracht. Sie konnten indirekt und kontinuierlich beheizt werden. Damit war es möglich, die Betriebsabläufe in den Bäckereien unabhängiger vom Ofen zu machen, der jahrtausendelang die Abläufe bestimmt hatte.

Ist ein klassischer Holzbackofen befeuert worden und hat seine Temperatur erreicht, dann muss rasch gebacken werden, da der Ofen nach dem Ausräumen der Glut und Asche wieder abkühlt. Der Bäcker ist auf ein bis drei Brotsorten pro Aufheizvorgang beschränkt. Ist der Ofen zu stark abgekühlt, muss erst mindestens ein bis zwei Stunden nachgeheizt werden, bevor erneut gebacken werden kann. In Holzbacköfen ist auch die backtechnische Effektivität des beim Backen entstehenden Wasserdampfes eher gering.

Es war schon im Mittelalter bekannt, dass Brote eine schönere Farbe und einen leichten Glanz bekamen, wenn im Holzbackofen der Boden vor dem Backen mit einem nassen Lappen gereinigt und die Öffnung des Ofens mit feuchtem Stroh verschlossen wurde. Es wurden nun Apparaturen erfunden und weiterentwickelt, die eine sofortige Dampferzeugung im Ofen (»Beschwadung«) nach dem Einschießen der Teiglinge ermöglichten. Diese wurden in die neuen Öfen integriert.

Dampf im Ofen ist wichtig, um die Kruste des Gebäcks in der Anfangsphase des Backens elastisch zu halten. Dadurch gehen die Brote beim Backen besser auf. Zudem kommt es zu einer optisch schöneren Bräunung der Brotkruste durch den Einfluss des kondensierten Wasserdampfes. Die dadurch mögliche Qualitätsverbesserung der Produkte sah und schmeckte der Kunde. Bäckereien, die einen solchen Dampfofen besaßen, nannten sich fortan »Dampfbäckereien«, ein Begriff, der sich auch heute noch bisweilen erhalten hat.

Die Bäcker erhielten auch schon im 19. Jahrhundert technische Unterstützung durch Maschinen, vor allem durch Teigknetmaschinen. Deren Entwicklung war angesichts der großen Beschwerlichkeit der bislang üblichen Teigknetung von Hand logische Konsequenz. Sie wurde vor allem in Frankreich ab etwa 1790 vorangetrieben. Eine der ersten »modernen« Teigknetmaschinen hat gegen 1845 der Pariser Bäcker Boland erdacht und gebaut. Das »Polytechnische Journal« schreibt über das damals noch übliche Teigkneten von Hand und über die Erfindung Bolands im Jahr 1848:

*»Das Kneten mit Menschenhänden, wie es in der Bäckerei gewöhnlich vorgenommen wird, ist nicht so einfach in seiner Ausführung, als dieselbe mit Beihülfe mechanischer Kräfte gemacht werden kann.*

*Um alle Bestandtheile des Teigs recht gut miteinander zu verbinden, mußte man auf ein den physischen Kräften des Menschen angepaßtes Verfahren sinnen; dasselbe besteht darin, die Masse in so viele Theile zu theilen, als er aufheben kann, um sie dann in eine Masse zu vereinigen; sie hierauf neuerdings zu zertheilen und zu vereinigen, bis der Teig ganz fertig ist.*

*[...] Mit größern Kräften, als der Mensch entwickeln kann, ließe sich folglich das Kneten leicht auf*

Bolands Teigknetmaschine, Grundriss, aus dem »Polytechnischen Journal«

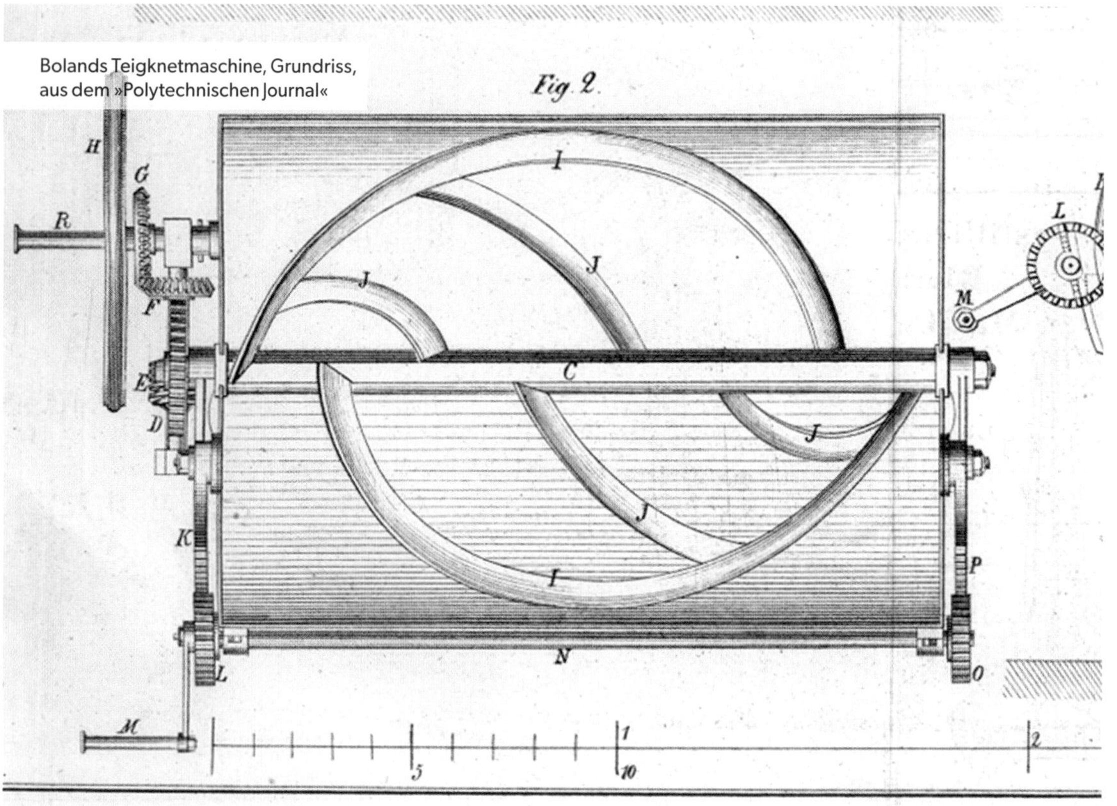


*zwei unumgänglich nothwendige Operationen reduciren, das Durchkneten und das Auseinanderziehen.«* (Polytechnisches Journal, 1848)

Bolands Teigknetmaschine sah im Grunde aus wie ein Bäckertrog oder eine Backmolle, in die durch Zahnräder und eine Welle betriebene Metallschaufeln oder »Klingen« hineintauchten und den Teig durchmischten und aufzogen, ohne die Teigstruktur dabei zu sehr zu beanspruchen. Diesem Grundanspruch beugen sich noch heute alle existierenden Teigknetmaschinen, wenn auch ihre kraftvolle Motorisierung ein Überkneten und damit die Zerstörung der Teigstruktur noch immer möglich macht.

*»Hinsichtlich der auf die Knetung zu verwendenden Kraft legt der Erfinder viel Werth darauf, daß der Teig immer nur aufgehoben, ausgezogen und ausgestreckt, niemals aber zerrissen und aufgeweicht wird. Das Durchwirken des Teigs, welches geschickte Arbeiter behufs vollkommener Knetung vollbringen, beweist nur die Unzulänglichkeit ihrer Kraft, weil sie es bloß mit Theilen (Bruchstücken) vornehmen können. Das Ausziehen der ganzen Teigmasse thut dieselbe Wirkung.«* (Polytechnisches Journal, 1848)

Das Zitat zeigt, wie das Wissen über die händische Teigbereitung und die Bedingungen einer guten Teigentwicklung in die Konstruktion der Teigknetmaschine durch Boland einfloss. Die davor schon existierenden Entwicklungen anderer Erfinder wirkten aufgrund ihrer Konstruktionsweise zu grob auf den Teig ein und brachten daher unzureichende Teigergebnisse hervor.

Die Teigknetmaschine erfuhr in den folgenden Jahrzehnten viele technische Verbesserungen. Entwickelt wurden auch maschinelle Vorrichtungen zur Teilung der Teige in gleich schwere Stücke.

All dies ermöglichte es den Bäckereien, ihre Produktion zu vergrößern und ihr Angebot zu erweitern. Die Erlangung der Gewerbefreiheit für Bäcker in der zweiten Hälfte des 19. Jahrhunderts beseitigte die Zünfte und sorgte für noch mehr betriebliche Entwicklungsmöglichkeiten. Alte Rituale wie die »Walz« spielten eine immer geringere Rolle in der Bäckerausbildung und wurden durch eine modernere Ausbildungsordnung ersetzt. Im 20. Jahrhundert setzte sich diese Entwicklung fort. Die industrielle Brotherstellung, zunächst für Dauerbackwaren wie Zwieback, begann in den 1920er-Jahren. Eine Vielzahl an weiteren maschinellen Unterstützungsmöglichkeiten wie Kühlräume und Gärschränke sowie innovative lebensmittelchemische Teigzusätze drängten in Bäckereien die rein traditionelle Brotherstellung langsam in den Hintergrund.

Erste industrielle Hersteller von Backhilfsmitteln begannen ihre Produktion in der Zeit der Jahrhundertwende zum 20. Jahrhundert. Eines der bekanntesten Produkte dieser Zeit war die »Milliose«, ein mehlförmiges diastatisches (enzymaktives) Malzbackmittel der Firma Johann Ruckdeschel et Söhne in Kulmbach, aus der die heute weltweit tätige Firmengruppe IREKS hervorging. IREKS ist inzwischen einer der größten Backmittelhersteller Deutschlands und damit Vertreter jener Zusatzstoffindustrie, die in den letzten Jahren zunehmend in die Kritik kommt.

Das Backmittel wurde auf der Weltausstellung in Paris 1900 mit vielen Preisen bedacht und war kurz darauf aus den Backstuben kaum noch wegzudenken. IREKS ist auch einer der ersten Hersteller von Quellmehlen und Fertigsauerteigprodukten, mithilfe derer die Brotproduktion schon in den 1930er-Jahren von über 24 Stunden auf knapp zwei Stunden verkürzt werden konnte. Die zeitlich aufwendige Sauerteigherstellung in der Bäckerei über mehrere Stufen konnte einfach wegfallen, wenn der Bäcker sich zum Gebrauch des Produktes entschied.

Wie sehr Bäcker schon bald auf die Verwendung der Backhilfsmittel setzten, zeigt das Rezeptbuch des Duisburger Bäckers Georg Schöllgen aus dem Jahr 1920. Darin steht kaum ein Brotrezept, bei dem er nicht die Zugabe das Backmittels »Milliose« oder von Quellmehlen empfiehlt. Selbst bei der Sauerteigführung vor Herstellung des Brotteigs hielt er die Zugabe von Malzmehl für sinnvoll und notwendig.

Die intensive Düngung der Böden, die Technisierung der Landwirtschaft und vielleicht auch der klimatische Wandel ermöglichten es indes zunehmend, in ganz Deutschland qualitativ guten Weizen anzubauen.

Dieser hat den Roggen als Hauptbrotgetreide schon lange ersetzt. Inzwischen gehört Deutschland zu jenen zehn Ländern, die weltweit am meisten Weizen anbauen.

## BROT AUS INDUSTRIELLER HERSTELLUNG

»Supermarktbrot« gibt es verbreiteter in Deutschland etwa seit den 1960er-Jahren. Hersteller wie »Harry Brot« und »Lieken« bauten damals die industrielle Produktion von abgepackten Backwaren, die sie an Supermärkte zum Verkauf lieferten, im größeren Stil aus. Befeuert wurde diese Entwicklung vor allem durch die zunehmende Beliebtheit, die die von Briten und Amerikanern eingeführten Sandwich- und Toastbrote nach dem Zweiten Weltkrieg in der Bundesrepublik Deutschland erlangt hatten. Die abgepackten Brote wurden damals vor allem durch »Pasteurisierung«, also kurze Erhitzung, haltbarer gemacht.

Solche Produkte passten gut in das Geschäftsmodell der Supermarktbetreiber, den Kunden durch ein breites Sortiment zusätzliche Wege zu anderen Händlern oder Versorgern zu ersparen und sie damit an sich zu binden. Supermärkte haben unzweifelhaft die Kunden »bequem« gemacht. (Bäckereien stellte dies jedoch vor große Herausforderungen, auf die im Weiteren noch eingegangen wird.)

Zu Beginn des 21. Jahrhunderts sind industrielle Hersteller den nächsten Schritt gegangen. Durch Ausweitung des Verkaufs in Supermärkten, durch das neue Konzept der sogenannten Backshops und durch Belieferung von Tankstellen wurde den Bäckereien ein signifikanter Teil des Geschäfts entrissen. In Supermärkten und Backshops wird den Kunden mittlerweile frisch gebackenes Brot vorgegaukelt.

Mithilfe einer aufwendigen Kühltransportlogistik liefern die Hersteller vorgebackenes Brot aus industrieller Produktion eingefroren an die Verkaufsstellen. Dort wird es durch Angestellte nur noch kurz in einem Ofen aufgebacken und darf rechtssicher als »frisch gebackenes Brot« bezeichnet werden. So wird es in Selbstbedienungszonen zum Verkauf angeboten. Viele Kunden nehmen dieses Angebot aus Bequemlichkeit dankbar an und ersparen sich den zusätzlichen Weg zum Bäcker.

Infolgedessen sinkt die Zahl der Bäckereibetriebe seit Jahren. Aus ehemals lokal tätigen Bäckereien haben sich zum Teil Großbetriebe mit über 100 Filialen entwickelt, deren Produktion zwangsweise ebenfalls in industriellem Stil stattfindet, damit sie die nötigen Mengen überhaupt noch herstellen können.

Als kurzsichtig hat sich erwiesen, dass nicht wenige Bäcker sich zu einer Adaptation der industriellen Herstellungsmethoden und Nutzung von Vormischungen, Hightech-Fertigungsprozessen oder Ergänzung des Sortimentes durch zugekaufte Tiefkühlbackwaren entschieden haben. Damit wurde es für den Kunden in qualitativer Hinsicht gleichgültig, ob das Brot aus einer handwerklichen Bäckerei oder im Supermarkt gekauft wird. Es schmeckte dann im Grunde überall gleich.

# DIE DEUTSCHE BROTKULTUR HEUTE UND IN DER ZUKUNFT

Die vorgenannten Zeilen gelten sicher nicht für jeden einzelnen Bäckereibetrieb, sondern beschreiben die generelle Entwicklung in der Branche. Manche Betriebe sind andere, bessere Wege gegangen oder besinnen sich gerade wieder um. Sie bedienen damit zum einen den Wunsch nach natürlichen und naturbelassenen Lebensmitteln jener, die nicht auf den Cent gucken müssen. Und reagieren damit zum anderen auf einen unüberschaubar wachsenden Anteil von Menschen, die aus Misstrauen oder gesundheitlichen Gründen ihr tägliches Brot lieber selbst backen.

Es finden sich hochinnovative, mutige und dennoch erfolgreiche Konzepte auf dem Markt. Bäcker, die nur bestimmte Personengruppen ansprechen, etwa Menschen mit Glutenunverträglichkeiten oder veganer Ernährungsweise. Oder Bäcker, die entgegen dem Trend zu großen Sortimenten nur sehr wenige Sorten Brot verkaufen, dieses aber in besonders hoher Qualität und konsequent unter ausschließlicher Verwendung natürlicher Zutaten herstellen.

Die Zusatzstoffindustrie und damit auch die industrielle Brotproduktion gerieten vor allem in den letzten zehn Jahren öffentlich immer häufiger in die Kritik, weil noch immer nicht hinreichend erforscht ist, welche Zusammenhänge zwischen dem Einsatz hochmoderner Enzymbackmittel sowie sehr kurzer Teigreifezeiten und gesundheitlichen Beschwerden nach dem Verzehr des auf diese Weise hergestellten Brotes bestehen könnten.

Seit etwa 10 bis 15 Jahren bildet sich im deutschsprachigen Raum eine aktive und intensiv kommunizierende Heimbäckerszene aus, die aus ganz unterschiedlicher Motivation das Brot in der eigenen Küche wieder selbst herstellt. Ganz so, wie es in vielen ländlichen Haushalten zwangsweise noch bis ins späte 19. Jahrhundert getan wurde, bevor Brot günstig und in großen Mengen überall verfügbar wurde.

Es ist sicher, dass diese Szene bereits einen gewissen Einfluss auf das Handeln von Industrie und Bäckereibetrieben gewonnen hat. In positivem Sinne hat dies den professionellen Akteuren jedenfalls klar vor Augen geführt, wie groß der Wunsch nach natürlichen Nahrungsmitteln in der Bevölkerung noch ist.

Eine weitere Industrialisierung der Brot- und Lebensmittelherstellung wird sich generell allerdings schon wegen der Überbevölkerung der Erde und endlicher Ressourcen nicht vermeiden lassen. Ob Brot auch in 50 Jahren noch ausschließlich aus natürlich gewachsenem Getreide und daraus hergestelltem Mehl produziert wird, ist keineswegs sicher. Es wird meines Erachtens gerade deshalb in Zukunft ein signifikanter Markt für hochwertiges und handwerklich hergestelltes Getreidebrot verbleiben, den vor allem lokale Bäckereibetriebe mit entsprechenden Produkten bedienen können.

Regionalität und Traditionsbewusstsein sind und bleiben für Bäcker im deutschsprachigen Raum deshalb hochwirksame Verkaufsargumente, die aber nur funktionieren, wenn sie auch ehrlich und transparent umgesetzt werden.

Eine große Sortenvielfalt enstand erst in den 1950er- und 1960er Jahren

## WIE KAM ES ZU DER VIELFALT UND REGIONALITÄT AN BROTSORTEN?

Die dem deutschen Brot anhaftende Bodenständigkeit liegt zu sehr großen Anteilen darin begründet, dass es sich früher in der Tat um im Wortsinn »boden-ständiges« Brot handelte. Also Brotsorten, die nur aus den Früchten des Bodens bestimmter Gegenden hergestellt und nur dort ständig gebacken wurden.

Bis zur Reichsgründung im Jahr 1871 gab es keinen gemeinsamen deutschen Staat, sondern einen Flickenteppich aus vielen kleineren Fürstentümern und Stadtstaaten, die durch feste Grenzen voneinander getrennt waren. Anders als zum Beispiel in Spanien oder Frankreich gelang es jahrhundertelang nicht, eine Staatsgründung voranzutreiben.

Die Fürstentümer und Stadtstaaten trieben ihre Autonomiebestrebungen zum Teil derart auf die Spitze, dass sich überall lokale Brauchtümer und Eigenheiten entwickelten, um sich von benachbarten Fürstentümern abzugrenzen. Das galt auch für die Brotherstellung.

Die Bäcker mussten sich zudem auf die Getreide beschränken, die in ihrer Umgebung angebaut wurden, und mussten daraus Brotrezepte entwickeln, mithilfe derer sie die Rohstoffe bestmöglich verarbeiten konnten. Das erklärt sich damit, dass bereits der Getreideeinkauf in benachbarten Fürstentümern mit Zöllen belegt war, was diese Importe unwirtschaftlich machte (vgl. Steffen, 2/2011).

So kam es dazu, dass im Norden und Nordwesten Deutschlands traditionell die sogenannten Schwarzbrote aus Roggen große Verbreitung fanden, und zwar in vielen verschiedenen Formen und Rezepturen. Während es im Süden und Südosten eher die Mischbrote sind, die am meisten gebacken wurden. Innerhalb dieser groben Einteilung gibt es unzählige Abstufungen und Abwandlungen, die sich durch regionale Besonderheiten ausgeprägt haben.

Allerdings ist die große Sortenvielfalt, die Sie heute in den Bäckereien finden, erst eine Erscheinung der letzten Jahrzehnte. Noch in den 50er- und 60er-Jahren des 20. Jahrhunderts bot eine typische Bäckerei allenfalls eine Weißbrotsorte, eine Mischbrotsorte und ein Roggenbrot an, je nach Region vielleicht auch abgepacktes Schwarzbrot. Erst ab etwa den 1970er-Jahren begann die Zeit der Brotvielfalt mit der Inverkehrbringung der ersten industriell hergestellten Vormischungen und der Weiterentwicklung der Backhilfsmittel und technischen Geräte (vgl. Steffen, 2/2011). Erst die hierdurch mögliche Teilautomatisierung und Verkürzung der Brotproduktion ermöglichte es den Bäckereibetrieben, ihr Sortiment so zu erweitern, wie Sie es heute kennen.

Wie schon beschrieben erfreute sich Brot in abgepackter Form aus Supermärkten zunehmender Beliebtheit. Um diesem Umstand entgegenzuwirken, mieteten Bäcker in den Vorkassezonen der Supermärkte und an verkaufsfördernden Orten wie Bahnhöfen und Fußgängerzonen kostspieligen Raum und eröffneten dort Filialen. Das setzte die Betriebe unter Druck, so wirtschaftlich wie möglich zu produzieren, um die laufenden Mieten und Gehälter für das Verkaufspersonal aufbringen zu können.

Die häufig gerühmte Sortenvielfalt in deutschen Bäckereien erweist sich also als ein zweischneidiges Schwert. Möglich ist sie im Grunde nur durch eine Abkehr von genau jener Backtradition, die den Kunden dennoch durch Intransparenz, mangelhafte Deklarationspflicht der verwendeten Zusatzstoffe und optisch ansprechende, traditionell anmutende Ladenlokale vorgegaukelt wird.

Viele der regionalen Besonderheiten und Spezialitäten haben sich im Laufe der Jahrhunderte glücklicherweise erhalten, wenn auch die zunehmende Mobilität der Menschen und der Handelsgüter, die kommunikative Vernetzung, die ständige Verfügbarkeit hochwertigen Getreides und vor allem in den letzten Jahrzehnten der Trend hin zu leichteren, mediterranen Brotspezialitäten die Traditionsbrote etwas in den Hintergrund gedrängt haben.

Dennoch finden sich zumindest in Deutschland und Österreich kaum Bäckereien, die nicht täglich kräftige Roggen- und Roggenmischbrote anbieten, bei denen es kein Schwarzbrot zu kaufen gibt oder in deren Sortiment kein Mehrkornbrot auftaucht. Gleiches gilt für die Industrie, die ihre Produktion längst nicht mehr vor allem auf Toast- und Sandwichbrote fokussiert, sondern auch viele traditionelle Brotsorten anbietet. Die zunehmende Konkurrenz zwischen Bäckereien und industriellen Anbietern hat die Vielfalt und Regionalität sogar weiter befeuert.

Noch in den 80er-Jahren des 20. Jahrhunderts ist in Fachpublikationen wie »Brotland Deutschland« von F. J. Steffen von etwa 300 unterschiedlichen Brot- und Kleingebäcksorten in Deutschland die Rede. Inzwischen sind beim Deutschen Brotinstitut e. V. in Weinheim über zehnmal so viele Sorten eingetragen.

## DIE KLASSIFIKATION DER BROTSORTEN

In Deutschland und dem deutschsprachigen Raum wird Brot nach verschiedenen Kriterien klassifiziert. Die wichtigste Klassifikation richtet sich nach der Getreidezusammensetzung. Es wird differenziert:

- Weizenbrot
  (mindestens 90 Prozent Weizenanteil)
- Weizenmischbrot
  (50 bis 90 Prozent Weizenanteil)
- Roggenmischbrot
  (50 bis 90 Prozent Roggenanteil)
- Roggenbrot
  (mindestens 90 Prozent Roggenanteil)

Weiter wird in gesäuertes und ungesäuertes Brot, Brot mit Spezialmehlen (zum Beispiel Schlütermehl, Steinmetzmehl), Brote mit speziellen Teigführungen, Brote mit besonderen Zusätzen und Diätbrote unterschieden. Innerhalb dieser Klassifikationen ist zudem eine Vielzahl an Rezeptabwandlungen möglich, indem mit verschiedenen Ausmahlgraden der Mehle und Vollkornanteilen variiert wird. Komplettiert wird dies durch mannigfaltige Möglichkeiten der Vorteig- und Teigführung, der Backverfahren (freigeschoben, angeschoben, genetztes Brot, Gersterbrot) und des Temperaturverlaufs beim Backen. Quellstücke und Brühstücke schaffen weitere Varianz.

Diese Vielfalt findet sich in ähnlicher Weise beim sogenannten Kleingebäck. Das sind Brote und Brötchen mit weniger als 250 g Teiglingsgewicht, die es in Deutschland in großer Vielfalt gibt. Kleingebäck wird allerdings im Profibereich heute nur selten noch vollständig traditionell hergestellt, also ohne lebensmittelchemische Backhilfsmittel und unter Einsatz von Handarbeit.

## DIE VARIABILITÄT SOLL AN EINEM BEISPIEL VERDEUTLICHT WERDEN

Ein Bäcker möchte ein Weizenmischbrot entwickeln. Er kann nun festlegen, wie viel Prozent Roggen und wie viel Prozent Weizen es enthält. Dann kann er zwischen mindestens fünf verschiedenen Ausmahlgraden bei beiden Getreidesorten wählen. Also beim Weizen zum Beispiel Type 550, Type 812, Type 1050, Type 1600 und Weizenvollkornmehl und -schrot.

Schon allein solche Vielfalt an Ausmahlgraden beim Getreide gibt es nur in wenigen Ländern der Welt. Zudem ist Roggenmehl in guter Qualität auch nur in wenigen Ländern so verfügbar wie hier. Hat er sich für die Ausmahlgrade entschieden, legt er fest, ob er eine direkte Teigführung macht oder eine indirekte. Also ob mit einem Sauerteig oder einem Hefevorteig gearbeitet wird oder mit beidem. Er legt das Triebmittel und die Triebmittelmenge fest.

Dann kann er noch bestimmen, ob sein geplantes Brot ein Quellstück oder Brühstück aus beispielsweise Saaten enthalten soll. Als Nächstes legt er den Flüssigkeitsanteil fest und bestimmt, welche Flüssigkeiten und gegebenenfalls Fette und Süßungsmittel in den Teig kommen.

Dann geht es an die Teigherstellung. Hierbei können das Knetverfahren und die Teigruhezeiten variiert werden. Beim Formen des Brotes hat er vielfältige Möglichkeiten. Und schlussendlich kann er beim Backen unterschiedliche Techniken der Beschwadung und Temperatursteuerung anwenden, um sein Ergebnis zu beeinflussen.

Es wird klar, welche unüberschaubare Brotvielfalt auf diese Weise hergestellt werden kann und wird. Deshalb ist die Brotlandschaft im deutschsprachigen Raum weltweit einzigartig.

Bergsteigerbrot

Vierkornbrot-Teigling

Wenn Sie Brote zu Hause selbst backen wollen, die so schmecken wie die Brote, die Sie noch von früher kennen, dann führt dahin nur ein Weg: nämlich, sie auf traditionelle Weise herzustellen.

Dieses Buch zeigt Ihnen, wie. Es ist jedoch kein klassisches Einsteigerbuch. Deshalb erleichtert etwas Erfahrung mit Sauerteigen, mit der Teigherstellung und dem Reifeverhalten sowie mit dem Backen die Umsetzung der Rezepte. Oder Sie lesen sich in die Thematik ein, zum Beispiel in meinem Buch »Der Brotdoc – Gesundes Brot aus meinem Ofen« oder anderen Einsteigerbüchern. Dort wird auch ausführlicher auf die Arbeitsschritte und theoretischen Grundlagen eingegangen. Wenn Sie dann nach der Lektüre oder ohnehin vorher schon das eine oder andere Brot erfolgreich gebacken haben und einen guten, triebfähigen Sauerteig Ihr Eigen nennen, dann wird es ein Leichtes für Sie sein, die Rezepte in diesem Buch umzusetzen. Ich wünsche Ihnen viel Vergnügen dabei und noch mehr Genuss beim Verzehr der Ergebnisse! Doch bevor es richtig losgeht, ein paar Tipps für die Vorbereitung und die Grundlagen, auf die es ankommt für ein gutes Gelingen.

## NEHMEN SIE SICH ZEIT!

Das Wichtigste, was Sie zum Selbstbacken von Traditionsbroten tun müssen, ist, sich Zeit dafür zu nehmen. Insbesondere, wenn Sie noch nicht so geübt im Brotbacken sind. Die in diesem Buch gesammelten Rezepte wurden und werden täglich von Menschen gebacken, die dazu eine Ausbildung durchlaufen haben und viel Berufspraxis und -erfahrung haben. Sie begeben sich mit diesem Buch ein wenig in das Metier solcher Profis. Mein wichtigster Rat ist daher, nicht zu versuchen, die Rezepte »zwischen Tür und Angel« zu backen. Das geht zwar zur Not auch, setzt aber voraus, dass Sie mit dem jeweiligen Rezept schon etwas vertraut sind und einschätzen können, wie die Arbeits- und Reifezeiten unter den Bedingungen Ihres Haushalts ausfallen.

Traditionsbrotrezepte stellen in gewissem Sinne etwas mehr Anforderungen an Ihre Aufmerksamkeit als meine normalen Hobby-Brotbackrezepte. Insbesondere die Sauerteigführungen und die Steuerung der Teigreifung sind Punkte, die bei vielen traditionellen Brotrezepten einen großen Einfluss auf die optische, haptische und geschmackliche Qualität der Ergebnisse haben. Wie gesagt, bei Bäckern gehört das zur jahrelangen Berufserfahrung. Sie können aber diese Erfahrungen mit der Zeit sammeln und jedes Brot so herstellen, wie Sie es sich wünschen.

Sehen Sie das Brotbacken dabei aber immer als anregende oder entspannende Freizeitaktivität, wenn Sie es nicht beruflich betreiben. Es sollte für Sie nicht zur Verpflichtung werden, sondern Spaß machen.

# DIE HAUPTZUTATEN

Verwenden Sie wann immer möglich hochwertige Zutaten. In ein traditionelles Brot gehören nach meiner festen Überzeugung nur solche, die uns die Natur schenkt und die, wenn überhaupt, dann nur durch wenige technische Prozesse gebrauchsfertig gemacht werden. Alles andere, insbesondere lebensmittelchemische Zusätze, hat in hochwertigem Brot nichts verloren.

## GETREIDE UND MEHL

Getreide und Mehl sollten Sie, wenn möglich, in einer noch aktiven Mühle kaufen oder bestellen. Dort ist in den meisten Fällen die Produktionskette transparent und es ist immer jemand in der Lage, Ihnen Rede und Antwort zu stehen. Getreide aus biologischem Anbau ist dabei zu bevorzugen. Wenn sich in Ihrer Nähe keine Mühle befindet, wählen Sie stattdessen möglichst Bioprodukte, etwa aus dem Bioladen oder aus dem Bioregal im Supermarkt. Gebacken werden Traditionsbrote im deutschsprachigen Raum fast ausschließlich aus den drei wichtigsten Getreidesorten Weizen, Dinkel und Roggen. Die Urgetreide Einkorn, Emmer und Kamut sind erst in den letzten zehn Jahren wieder in Mode gekommen und daher noch nicht so verbreitet.

Weizen ist ein vom Menschen über die Jahrtausende aus Urgetreiden kultiviertes und weiter optimiertes Brotgetreide, das sich durch seine hervorragenden Backeigenschaften und seinen Wohlgeschmack auszeichnet. Die guten Backeigenschaften verdankt Weizen dem hohen Gehalt an Klebereiweiß, das dem Teig die nötige Stabilität gibt, um ihn ausformen zu können.

Weizenmehl gibt es in Deutschland in den Ausmahlgraden Type 405, 550, 812, 1050 und 1600 sowie als Vollkornmehl und -schrot. In Österreich und der Schweiz existieren ähnliche Ausmahlgrade.

Dinkel ist ein Vorfahre des Weizens. Seine Backfähigkeit ist etwas weniger gut als die des Weizens, weil der Dinkelkleber deutlich elastischer ist. Außerdem neigen Dinkelteige zum »Trockenbacken«. Dinkel macht ein vorsichtigeres Teigkneten erforderlich und sollte auch bei der Weiterverarbeitung weniger grob gehandhabt werden.

Dinkelmehl gibt es in Deutschland in den Ausmahlgraden Type 630 und 1050 sowie als Vollkornmehl und -schrot. In Österreich und der Schweiz existieren analoge Ausmahlgrade.

Roggen ist ein traditionell besonders in Nord- und Osteuropa verbreitetes Brotgetreide, das besser an die dortigen klimatischen Anbaubedingungen angepasst ist. Reine Roggenteige funktionieren anders als Weizenteige, weil sich kein klassisches Teigklebergerüst aufbaut. Die Teigstruktur wird vielmehr durch sogenannte Schleimstoffe (Pentosane) gebildet, die die bei der Reifung entstehenden Gärgase umschließen. Roggenteig sollte möglichst immer zum Teil »versäuert« werden, weil Sauerteige zum einen die Backfähigkeit des Mehls wesentlich verbessern und zum anderen wichtige Aromen beisteuern, ohne die ein Roggenbrot fad und uninteressant schmeckt.

Roggenmehl gibt es in Deutschland in den Ausmahlgraden Type 610 (selten), 815 (selten), 997, 1150, 1370, 1700 und Vollkornmehl/-schrot. In Österreich und der Schweiz gibt es analoge Roggenmehl-Ausmahlgrade.

**Mehltypenvergleich**

| Deutschland | Österreich | Schweiz | Italien | Frankreich |
|---|---|---|---|---|
| Weizenmehl 405 | W 480 | Weißmehl | Tipo 00 | T 45 |
| Weizenmehl 550 | W 700 | Weißmehl | Tipo 0 | T 55/T 65 |
| Weizenmehl 812 | W 700 | Halbweißmehl | Tipo 1 | T 65 |
| Weizenmehl 1050 | W 1600 | Ruchmehl | Tipo 1/2 | T 80 |
| Weizenvollkornmehl | W 1800 | Vollkornmehl | Integrale | T 150 |
| Roggenmehl 1150 | R 960 | 1100 | Tipo 1 | T 130 |
| Roggenmehl 1370 | R 960 | 1100 | Tipo 1 | T 170 |
| Roggenvollkornmehl | R 2500 | 1900 | Integrale | / |
| Dinkelmehl 630 | D 700 | Weißmehl | Bianca | / |
| Dinkelmehl 1050 | D 1500 | Ruchmehl | / | / |

/ = Üblicherweise in diesem Land nicht verfügbar. (Quelle: http://www.drax-muehle.de)

Je weniger Mineralstoffe die Mehle enthalten, desto besser backfähig sind sie. Die Teige werden lockerer, die Brote haben mehr Volumen. Dafür ist der Anteil an gesundheitsförderlichen Ballaststoffen und Vitaminen geringer. Mehle mit höheren Type-Nummern (z. B. 1050, 1600)

Mehl, Wasser und ein Triebmittel sind die Hauptzutaten für Brot

und Vollkornmehle und -schrote enthalten zwar alle oder fast alle Inhaltsstoffe, ergeben aber meist schwerere Teige, die nicht ganz so locker aufgehen.

In den Rezepten erfüllen die Ausmahlgrade immer einen bestimmten Zweck. Sollten Sie Schwierigkeiten haben, bestimmte Mehlsorten zu erhalten, dann können Sie innerhalb der Getreidesorte Ausmahlgrade auch austauschen. In den meisten Fällen müssen Sie, wenn Sie einen niedrigeren Ausmahlgrad verwenden, etwas weniger Wasser zum Rezept geben. Wenn Sie den Ausmahlgrad höher wählen, braucht der Teig etwas mehr Wasser. Das liegt daran, dass Mehle mit höheren Ausmahlgraden fast immer mehr Wasser binden. Die Faustregel sagt, dass bei Austausch von Weizenmehl Type 550 gegen Vollkornmehl etwa 10 Prozent mehr Wasser zum Teig gehören.

### TIPP ZU SCHROT

Der Mahlgrad von Schroten sollte für optimale Gelingsicherheit fein bis mittel sein. Grober Schrot funktioniert bei den Rezepten in diesem Buch aber fast immer auch, denn die Quellzeiten sind lange genug.

## WASSER

Verwenden Sie sauberes, nicht chloriertes Leitungswasser – die Qualität ist in den meisten Ländern sehr gut. Sollten Sie in einem Land leben, in dem Leitungswasser gechlort wird, dann kann es ratsam sein, dieses vor der Verwendung einige Stunden »auslüften« zu lassen, da Chlor das Wachstum von Mikroorganismen hemmt. Die Wassertemperatur ist ein wichtiges Steuerungselement der Teigtemperatur.

Teig im Gärkorb

Beachten Sie daher unbedingt die Temperaturangaben in den Rezepten.

## SALZ

Salz sollte zusatzfrei sein, also ohne Rieselhilfen. Meines Erachtens muss es weder mit Jod noch mit Fluor versetzt sein.

## TRIEBMITTEL

Die zwei wichtigsten Triebmittel für Brotteige sind Hefe und Sauerteig. Sowohl Hefe als auch Sauerteig werden seit vielen Jahrhunderten für die Fermentation von Brotteigen eingesetzt, wobei erst in der ersten Hälfte des 19. Jahrhunderts erforscht wurde, dass überhaupt Mikroorganismen die Gärungsvorgänge auslösen und welche Mikroorganismen beteiligt sind. Davor wurden die beiden Fermentationsverfahren vor allem geschmacklich unterschieden, und zwar in »ungesäuerte« und »gesäuerte« Brote. Diese Begriffe finden sich heute noch zum Teil in religiösen Brauchtümern.

Das Triebmittel hat die Aufgabe, den Teig zu fermentieren. Es entstehen Gärgase, die den Teig aufgehen lassen und den Brotteig lockern. Gleichzeitig finden biochemische Prozesse im Teig statt, die Reizstoffe abbauen und den Brotteig besser bekömmlich machen.

Hefe fermentiert einen Teig sicher und verlässlich, ohne dass Sie zu sehr auf die Teigtemperatur achten müssen. Hefe wurde in früheren Jahrhunderten vor allem durch die Bierbrauer oder Winzer produziert. Sie trennten nach dem Brauvorgang den entstandenen hefepilzreichen Schaum und den Bodensatz von der vergorenen Maische und bewahrten diese auf, um damit den nächsten Brauvorgang anzustoßen. Bäcker konnten entweder dort an diese Hefeemulsionen kommen oder sie konservierten die Hefe selbst mit sogenannten Bruchstücken. Damit wird Teig bezeichnet, der von einem fertig gereiften Hefebrotteig abgesondert und bis zum nächsten Tag aufbewahrt wird, um damit den nächsten Brotteig anzusetzen. Heute werden sogenannte Reinzuchthefen industriell sowohl konventionell als auch biologisch hergestellt und sind leicht verfügbar.

Für die Rezepte sollten Sie möglichst Frischhefe verwenden. Wenn für Sie (gerade) nur Trockenhefe erhältlich ist, dann lautet die Formel für den Ersatz der Frischhefemenge: trocken statt frisch im Verhältnis 1:3. Das heißt, 1 g Trockenhefe entspricht 3 g Frischhefe.

Sauerteig ist ein wichtiger Punkt beim Thema Triebmittel, daher wird er gesondert ausführlicher behandelt (siehe Seite 47 ff.).

# DIE NEBENZUTATEN

Nebenzutaten dienen in den Teigen verschiedenen Zwecken. Manche werden aus geschmacklichen Gründen zugegeben, manche verbessern den Trieb der Mikroorganismen und manche haben natürliche lebensmittelchemische Wirkungen, die ein bestimmtes Ergebnis hervorrufen.

## MILCH UND MILCHPULVER

Milch kann teilweise oder ganz das Wasser im Teig ersetzen. Sie macht durch ihren Fettanteil die Teige weicher und wattiger, die Brote schmecken milder.

Statt Milch kann auch Milchpulver verwendet werden. Das hat den Vorteil, dass es nicht verdirbt und keine enzymatische und mikrobielle Aktivität aufweist. Natürlicher ist aber die Verwendung von Frischmilch oder nur leicht pasteurisierter Milch.

Wenn Sie aus Milchpulver sozusagen wieder Milch herstellen wollen, dann mischen Sie drei Teile warmes Wasser mit einem Teil Milchpulver. Andersherum gerechnet können Sie Milchpulver in Rezepten ersetzen, indem Sie die Milchpulvermenge mal vier nehmen und die errechnete Menge in Form von Frischmilch zum Rezept geben. Die im Rezept angegebene Wassermenge reduzieren Sie dann um die Flüssigkeitsmenge der Frischmilch.

## EIER

Eier wirken in Teigen durch natürliches Lecithin als Emulgator und helfen dabei, Fette wie Butter oder Schmalz besser in den Teig zu integrieren. Zudem bringen Eier Aroma und einen gelblichen Farbton in den Teig. Sie werden hauptsächlich in der Feinbäckerei eingesetzt, also beispielsweise zur Herstellung von Brioche, Hefezopf oder Plunderteig.

## FETTE

Butter, Öl und Schmalze dienen als Fette ebenfalls dazu, Teige geschmeidiger und wattiger zu machen. Zudem fügen sie Brot interessante Aromen zu.

Schweineschmalz enthält natürliche Emulgatoren, die das Aufgehen von Brotteigen unterstützen, ohne dass Backmittel zum Einsatz kommen. In Traditionsbrotrezepten ist es deshalb häufiger in Gebrauch. Schmalz wird außerdem auch zur Dekoration von Broten und Brötchen verwendet.

## SÜSSUNGSMITTEL

Zucker, Honig oder Melasse süßen Teige und führen zu einer stärkeren Bräunung der Kruste.

## TRIEBUNTERSTÜTZUNGS- UND BRÄUNUNGSMITTEL

Backmalz oder Malzextrakt erfüllen verschiedene Aufgaben im Teig. Malz ist ein natürliches Produkt, das entsteht, wenn Getreide keimt. Malze können Sie in enzyminaktiver und enzymaktiver Variante kaufen.

Der in inaktivem Malz enthaltene Malzzucker nährt die bei der Teigreifung beteiligten Mikroorganismen. Das beschleunigt die Teigreifung und verleiht der Krume einen leicht malzigen Geschmack. Durch verstärkte Röstvorgänge beim Backen entsteht auch eine kräftigere Farbe der Krume.

Enzymaktive Malze bauen sogar die Mehlstärke in Teigen ab und stellen den Mikroorganismen mehr Nährstoffe zur Verfügung. Durch den Abbau der Stärke wird die Krume saftiger und die Teiglinge gehen schneller auf. Die Kehrseite der Medaille ist, dass bei einem zu starken Abbau der Teigstruktur durch zu lange Reifung die Krume klitschig werden kann und sich beim Backen Krumenlöcher bilden. Seien Sie mit aktivem Malz daher in der Dosierung immer sehr sparsam. Verwenden Sie es dann, wenn Sie keine zu langen Teigreifezeiten einplanen, insbesondere keine Über-Nacht-Reifungen. Und verwenden Sie es nur bei Weizen- oder Weizenmischteigen. Roggenteige dagegen sind von Natur aus enzymaktiver als Weizenteige und benötigen in der Regel keine enzymatische Unterstützung.

## SAATEN

Sonnenblumenkerne, Lein-, Sesam-, Mohnsamen und andere Saaten können sowohl im Teig als auch auf der Kruste für mehr Biss und leckere Aromen sorgen.

## BROTGEWÜRZE

Brotgewürze wie Fenchel, Kümmel, Brotklee und Anis untermalen den natürlichen Brotgeschmack.

# TECHNISCHES ZUBEHÖR

Den Bäckereien stehen heutzutage sehr ausgereifte Maschinen und Öfen zur Verfügung, die die Arbeitsprozesse erleichtern und die Backergebnisse optimieren. In der heimischen Küche heißt es da für Sie zum Teil improvisieren, um dieses Zubehör zu imitieren. Andererseits können Sie aber vor allem die Kleinwerkzeuge der Bäcker heute größtenteils online erwerben.

## BACKOFEN

Der Ofen sollte mindestens bis 250 °C aufheizen können und sich wenigstens mit Ober-/Unterhitze betreiben lassen; Heiß-/Umluft brauchen Sie vor allem für Kleingebäck. Der Ofen sollte zudem möglichst dicht schließen. Eine eingebaute Schwadenfunktion ist eine elegante Lösung, die von vielen Herstellern inzwischen auch in effektiver und ausgereifter Form angeboten wird. Zwingend erforderlich ist sie für gute Backergebnisse aber nicht, da der nötige Dampf auch anders erzeugt werden kann.

## KÜCHENMASCHINE ODER KNETMASCHINE

Küchen- und Knetmaschinen mischen und kneten Ihren Teig. Vollständiges Kneten der Teige von Hand geht zwar, ist aber ein mühseliges Unterfangen. Eine Küchenmaschine sollte für das Teigkneten robust gebaut sein, sonst hält sie dem Kneten auf Dauer nicht stand. Wenn Sie vorhaben, das Brotbacken längerfristig zu betreiben, rate ich Ihnen daher immer zur Anschaffung einer kleinen semiprofessionellen Teigknetmaschine, zum Beispiel von den Herstellern Häussler, Famag, Beeketal oder NFG.

## KÜCHENWAAGE

Die Waage sollte grammgenau abwiegen können und mindestens so groß sein, dass Sie die Knetschüssel darauf abstellen können.

## TEIGTHERMOMETER

Wenn Sie Sauerteigbrote ohne Zusatz von Frischhefe backen wollen, ist die Steuerung der Teigtemperatur eine der wichtigsten Voraussetzungen für ein gutes Gelingen. Hierzu ist ein Thermometer unerlässlich.

## BACKSTEIN ODER BACKSTAHL

Backsteine aus Schamotte oder Stahlplatten werden mit dem Ofen zusammen vor dem Backen aufgeheizt. Sie imitieren die beständige Unterhitze der Profiöfen und sorgen dafür, dass Ihr Haushaltsofen seine Backtemperatur besser halten kann. Sie bekommen beides bei Handwerkern in Ihrer Nähe passend zugeschnitten. Alternativ sind sie auch online verfügbar.

## SCHWADENWANNE ODER »SCHWADOMAT«

Wenn Ihr Ofen nicht über eine eingebaute Dampffunktion verfügt, können Sie sich wie folgt mit zwei Methoden behelfen:

Füllen Sie entweder eine Edelstahl-Auflaufform mit Edelstahlschrauben oder Lavatonsteinen und heizen die Form unterhalb des Backsteins auf einem Rost stehend mit dem Ofen vor. Gießen Sie dann nach dem Einschießen des Brotteiglings mit Schwung Wasser in die Form. Dieses verdampft schlagartig und kondensiert auf der Teigoberfläche (Bild siehe Seite 59). Sie bleibt dadurch länger elastisch und das Brot geht länger im Ofen auf. Oder kaufen Sie einen gebrauchsfertigen »Schwadomat«, der denselben Zweck erfüllt und an einer Seite des Ofeninnenraums aufgehängt wird. Sie können diese recht ausgereiften und effektiven kleinen Apparaturen inzwischen einfach online bestellen.

## TEIGSCHÜSSELN UND TEIGWANNEN

Schüsseln und Gefäße benötigen Sie für die Reifezeiten von Vorteigen und Teigen. Sie sollten lebensmittelecht sein, also aus Glas, Edelstahl oder lebensmittelechtem Kunststoff.

## TEIGKARTEN UND SILIKONSCHABER

Teigkarten, im einfachsten Fall Silikonschaber, brauchen Sie, um Teige zu bearbeiten und zu teilen.

## GÄRKÖRBE UND KASTENFORMEN

Gärkörbe aus Peddigrohr oder Holzschliff und Kastenformen dienen Ihren Teiglingen als Stütze, wenn sie nach dem Formen aufgehen.

## TEIGMESSER ODER RASIERKLINGE

Zum Einschneiden der Teiglinge verwenden Sie am besten ein scharfes Küchenmesser mit Wellschliff oder eine Rasierklinge.

## LEINENTUCH

Ein festes Leinentuch brauchen Sie vor allem, wenn Sie Kleingebäck wie Brötchen reifen lassen wollen. Alternativ funktioniert auch ein festeres Baumwolltuch.

## EINSCHIESSER

Damit ist ein flaches dünnes Brett oder Blech gemeint, das in etwa so breit und tief ist wie Ihr Backstein. Mit einem solchen Einschießer befördern Sie das Brot dann in Ihren Ofen.

## MEHLBÜRSTEN UND PINSEL

Mehlbürsten und Pinsel brauchen Sie während der Teigbearbeitung.

## STIPPROLLE

Diese Rolle ist ein typisches Bäckereiwerkzeug, mit dessen Hilfe ein Muster von kleinen Öffnungen in die Teigoberfläche gestochen wird. Dies dient der Verhinderung eines Abbackens der Kruste und ergibt zudem ein schönes Muster.

# DAS WICHTIGSTE ZUM THEMA TEIG

Im Folgenden wird Ihnen etwas »Teigtheorie« vermittelt. Dieses Grundwissen erleichtert Ihnen das Verständnis der Rezepte und erläutert Ihnen die Hintergründe, wie und warum sie so und nicht anders entwickelt wurden.

## DIE TEIGAUSBEUTE

Der Begriff »Teigausbeute« (TA) bezeichnet das Verhältnis zwischen Gesamtmehl und Flüssigkeit im Teig. Gerechnet wird dabei vereinfacht gesagt in »Teilen«, wobei die Gesamtmehlmenge immer 100 Teilen entspricht. Geben Sie 70 Teile Wasser zum Teig, beträgt die Teigausbeute 100 plus 70 Teile = 170. Im Prinzip funktioniert die Berechnung der Teigausbeute also wie eine Prozentrechnung, nur mit anderen Begriffen. 70 Teile entsprechen 70 Prozent. Die Kenntnis der Teigausbeute ermöglicht es Ihnen, die Konsistenz eines Brotteigs schon vor der Herstellung grob einschätzen zu können. Bei Weizenmehl Type 550 haben festere Teige eine Teigausbeute von 150–160. Mittelfeste Teige liegen zwischen 160 und 170, weiche Teige über 170.

Die Fähigkeit eines Mehls zur Bindung von Wasser wird von der Getreidesorte, dem Ausmahlgrad und dem Klebergehalt beeinflusst. Je höher der Ausmahlgrad und der Klebergehalt des Weizen- oder Dinkelmehls sind, desto mehr Wasser bindet es. Roggenmehl bindet grundsätzlich mehr Wasser als Weizen- oder Dinkelmehl. Ein Roggenteig mit TA 175 ist daher stets fester als ein Weizenteig mit TA 175.

Die Teigausbeute ist deshalb immer individuell an die eigenen Zutaten anzupassen. Es kann nämlich sein, dass das von Ihnen verwendete Mehl eine andere Wasserbindungsfähigkeit hat als das, womit die Rezepte in diesem Buch entwickelt wurden.

## VORTEIGE IM ALLGEMEINEN

Fast alle Rezepte in diesem Buch nutzen eine sogenannte Vorteigführung. Das bedeutet, dass ein Teil des gesamten Mehls für das Rezept schon viele Stunden vor der Herstellung des Gesamtteigs zu einem Vorteig angesetzt wird.

Vorteige erfüllen immer sehr wichtige Aufgaben bei der Teigreifung. In ihnen findet während ihrer Reifezeit schon ein großer Teil der erwünschten biologischen Abbauprozesse statt, die ein Brot beim Verzehr bekömmlicher machen. Zugleich verbessert sich in fast allen Fällen durch Vorteige der Trieb und die Teigstruktur Ihres Brotes. Und nicht zuletzt entwickeln Vorteige durch ihre lange Reifung ein sehr vorteilhaftes Aroma, das später je nach Art des Vorteigs und seiner Teigführung eine Rolle beim Geschmack des Endprodukts spielt.

Je nach Triebmittel wird grundsätzlich zwischen Hefevorteigen und Sauerteigen unterschieden. Eine dritte Kategorie sind die sogenannten Nullteige, die ohne Triebmittel hergestellt werden.

## VORTEIGE IM SPEZIELLEN: NULLTEIGE

Die einfachste Form des Vorteigs ist der sogenannte »Nullteig«. Nullteige deshalb, weil sie ohne ein Triebmittel angesetzt werden. Sie dienen in den meisten Fällen ausschließlich der Quellung von Teigzutaten, bevor sie in den Brotteig kommen. Diese Quellung vor dem Teigkneten durchzuführen, hat mehrere Vorteile. Zum einen

Quellstück

stören ansonsten unverquollene Schrote, Flocken oder Saaten bei der Teigentwicklung in der Knetmaschine, zum anderen ist die Hauptteigreifezeit oft zu kurz, um für eine ausreichende Quellung im Teig zu sorgen. Der Sinn von Nullteigen ist fast immer, mehr gebundenes Wasser in die Teige zu bringen und die Verarbeitungsfähigkeit von gröberen Teigzutaten zu verbessern. Dadurch haben die Brote eine bessere Frischhaltung und die Krume bekommt einen saftigeren Geschmackseindruck. Es gibt unterschiedliche Arten von Nullteigen; sie werden wie folgt zusammengefasst:

## QUELLSTÜCK

Die Zutat wird in den meisten Fällen mit der gleichen Menge kühlen Wassers vermischt und quillt mehrere Stunden.

## BRÜHSTÜCK

Die Zutat wird mit der gleichen Menge Wassers mit einer Temperatur zwischen 70–100 °C vermischt und quillt bis zum Abkühlen.

## KOCHSTÜCK

Die Zutat, meist Mehl, wird unter Rühren mit der fünffachen Menge Wasser auf eine Temperatur über 65 °C gebracht, bis sie eindickt und stockt. Dann muss sie vor der Verwendung wieder abkühlen.

## VORTEIGE IM SPEZIELLEN: HEFEVORTEIGE

Bei einem Hefevorteig wird als Triebmittel Frisch- oder Trockenhefe eingesetzt und er dient der Vermehrung der Hefezellen und der Entwicklung von Aromen. Sie können Hefevorteige mit allen Getreidemehlen herstellen, die stärkehaltig genug sind, um den Mikroorganismen als Nahrung zu dienen. Das entsprechende Mehl und Flüssigkeit werden in bestimmten Verhältnissen miteinander gemischt und eine geringe Menge Hefe zugesetzt. Über eine in den meisten Fällen lange Reifezeit passieren dann vor allem zwei Dinge im Vorteig. Zuerst kommt der Stoffwechsel der Hefe in Gang und führt dazu, dass sich diese vermehrt. Ein reifer Vorteig unterstützt daher später den Trieb im Hauptteig. Später, ab einer Reifezeit von etwa 8–10 Stunden, lässt sich auch eine Aktivität von mehleigenen Mikroorganismen, vor allem Milchsäurebakterien, nachweisen. Dadurch kommt es zu einer leichten Säuerung des Vorteigs, die allerdings nicht mit der eines Sauerteigs vergleichbar ist. Sie spielt aber eine Rolle bei der Aromaentwicklung im Vorteig. Beide Stoffwechselvorgänge führen dazu, dass im Vorteig Stärke und Zuckerstoffe abgebaut werden und später in den Broten in kleinerer Menge vorhanden sind, als es ohne Vorteigführung der Fall wäre.

Vorteige für Moresneter Brot und Röggelchen

Grob gesagt unterteilt der Bäcker in feste Hefevorteige (»Biga«) und weiche/flüssige Hefevorteige (»Poolish«). Feste Hefevorteige sorgen für mehr Teigstabilität und bringen etwas nussigere Aromen in den Teig. Flüssige Hefevorteige führen zu einer besseren Dehnbarkeit der Teige und haben fruchtig-floralere Aromen.

### Hefevorteig-Arten

| | Verhältnis Mehl:Flüssigkeit | Hefeanteil in Bezug auf Mehl |
|---|---|---|
| Fester Hefevorteig (»Biga«) | 2 Teile Mehl : 1 Teil Flüssigkeit | 1 Prozent |
| Flüssiger Hefevorteig (»Poolish«) | 1 Teil Mehl : 1 Teil Flüssigkeit | 0,1 Prozent |

Die Reifung von Vorteigen geschieht üblicherweise bei Raumtemperatur. Wenn Sie aus praktischen Gründen die Reifezeit von Vorteigen verlängern wollen, dann können Sie diese nach etwa 2 Stunden Reifezeit bei Raumtemperatur auch in den Kühlschrank stellen. Sie sollten dann flüssigen Vorteigen aber auch 1 Prozent Hefe Bezug nehmend auf die Mehlmenge zugeben. Dadurch kann die Vorteigreifung auf bis zu 36 Stunden ausgedehnt werden. Machen Sie sich dies zunutze, wenn die vorgeschlagenen Rezeptzeiten nicht in Ihren Alltag passen.

# VORTEIGE IM SPEZIELLEN: SAUERTEIGE

Ein Sauerteig ist das Triebmittel und die wichtigste Zutat traditioneller Brotrezepte. Wenn auch das Backen mit Hefe schon jahrhundertelang gebräuchlich ist, existieren jedoch kaum traditionelle Brotrezepte, in denen kein Sauerteig zum Einsatz kommt. Das liegt auch daran, dass Roggen früher das Hauptgetreide war und Brotteige daraus ohne Versäuerung kaum herzustellen waren.

Sauerteig ist im Grunde eine Mischung aus einem stärkehaltigen Mehl und Wasser, selten auch anderen Flüssigkeiten, in der Mikroorganismen durch ihren Stoffwechsel eine milchsaure Gärung anstoßen und in der es durch die Stoffwechselprodukte zu einer Säuerung kommt (vgl. Geißler, 2019). Zugleich vermehren sich die Mikroorganismen während der Reifezeit und produzieren Gärgase, was den Sauerteig dazu befähigt, einen Brotteig zu fermentieren und aufgehen zu lassen. Die beteiligten Mikroorganismen im Sauerteig, allen voran Bakterien der Gattung Lactobacillus (Milchsäurebakterium), sowie sogenannte Sauerteighefen der Gattungen Saccharomyces und Kazachstania haben ihren Ursprung in der Tier- und Pflanzenwelt. Sie befinden sich bereits auf den Substraten, also auf dem Getreidekorn und im daraus gemahlenen Mehl oder Schrot. Das ist der Grund, warum sich aus Mehl und Wasser relativ einfach ein neuer Sauerteig herstellen lässt. Die Besonderheit eines Sauerteigs gegenüber einem Hefevorteig ist, dass die Zahl der Milchsäurebakterien deutlich höher ist als die der Hefen. In einem gesunden Sauerteig etwa um den Faktor 100 (vgl. Geißler, 2019).

Sie haben mehrere Möglichkeiten, an einen aktiven, gut triebfähigen Sauerteig zu kommen. Die zwei einfachsten Wege sind, entweder über eine Tauschbörse (www.sauerteigboerse.de) einen aktiven Sauerteig von anderen Enthusiasten zu erhalten oder einem Handwerksbäcker ein wenig Sauerteig abzukaufen. Alternativ können Sie sich Sauerteig auch aus sogenannten Reinzuchtkulturen selbst ansetzen. Hierzu bestellen Sie sich im Hobbybäcker-Fachversand oder bei Ihrer Mühle sogenanntes Backferment oder einen Reinzuchtsauerteig. Beide Zutaten verschaffen Ihnen rasch und ohne lange Vorbereitung einen sofort einsatzfähigen Sauerteig. Der traditionellste Weg ist aber, einen eigenen Sauerteig durch spontane Gärung eines Getreidemehls mit Flüssigkeit herzustellen. Dieser Prozess dauert im günstigsten Fall 1 knappe Woche, führt jedoch noch nicht gleich zu einem wirklich ausgewogenen und gut triebfähigen Sauerteig. Er muss nach Abschluss der Zuchtphase noch einige Wochen regelmäßig gepflegt werden, bis sich das Gleichgewicht seiner Mikroorganismen so eingestellt hat, dass in ihm keine Fehlgärungen mehr stattfinden. Wie das Selbstzüchten eines solchen Spontansauerteigs im Einzelnen funktioniert, finden Sie ausführlich beschrieben in meinem Buch »Der Brotdoc – Gesundes Brot aus meinem Ofen« und auch in vielen Quellen im Internet. Welche Methode Sie dabei nutzen, bleibt ganz Ihren persönlichen Bedürfnissen und Ihrer zeitlichen Flexibilität überlassen.

Damit Sie nicht immer wieder für jedes Brot neuen Sauerteig von Grund auf herstellen müssen, empfehle ich, immer etwas Sauerteig im Kühlschrank aufzubewahren. Dieser wird in der Regel zur Unterscheidung von neu hergestelltem Sauerteig »Anstellgut« (oder früher »Anstellsauer«) genannt. Anstellgut ist deshalb im Prinzip das Gleiche wie Sauerteig – lassen Sie sich von den beiden Begriffen nicht verwirren. Zur Anstellgutpflege gibt es zwei Herangehensweisen:

## ANSTELLGUTPFLEGE IN ABHÄNGIGKEIT VOM BACKEN

Bei dieser Methode nutzen Sie Ihr fertiges und gelagertes Anstellgut, um für Ihr nächstes Brot einen Sauerteig anzusetzen. Wenn dieser gereift ist, nehmen Sie einen Teil dieses reifen Sauerteigs wieder ab und lagern ihn als neues Anstellgut für das nächste Backen im Kühlschrank. In alten Familienrezepten früherer Zeiten ist immer wieder davon die Rede, vor der Brotteigbereitung etwas Sauerteig beiseitezustellen, »für das nächste Mal«. Auch Bäckereien sorgen auf diese Weise durch tägliche Pflege ihres Sauerteigs dafür, dass dieser stets frisch und triebfähig bleibt. Die Methode birgt bei Ihnen zu Hause lediglich eine Gefahr: Wenn Sie das Abnehmen des Sauerteigs einmal vergessen und den gesamten Sauerteig verwenden. Dann müssen Sie sich einen komplett neuen ansetzen.

## ANSTELLGUTPFLEGE UNABHÄNGIG VOM BACKEN

Die andere Methode ist, das Anstellgut unabhängig vom Backen aufzubewahren und zu pflegen. Hierzu spülen Sie zunächst ein Einweck- oder Marmeladenglas inklusive Deckel sehr sauber oder desinfizieren sie am besten einmal mit siedendem Wasser. Dann geben Sie 20 g von Ihrem fertigen Sauerteig in das Glas und mischen ihn darin mit 60 g warmem Wasser und 60 g Mehl. Anschließend den Deckel locker schließen und das Gemisch bei 24–26 °C 2–3 Stunden reifen lassen. Sobald sich das Volumen der Mischung sichtbar vergrößert, die Oberfläche kuppelartig aufgeht und durch das Glas Luftbläschen im Teig sichtbar sind, stellen Sie das Glas mit geschlossenem Deckel in den Kühlschrank. Es hält dort bei 5 °C mindestens 1 Woche.

Wann immer Sie Brot backen wollen, entnehmen Sie die nötige Anstellgutmenge für den nach Rezept anzusetzenden Sauerteig aus diesem Glas und stellen es dann wieder in den Kühlschrank. Im Interesse einer Erhaltung der »Gesundheit« und Triebkraft dieses gelagerten Anstellguts sollte es mindestens einmal wöchentlich gepflegt werden. Und das geht so: Bereiten Sie wieder wie oben beschrieben ein Einweck- oder Marmeladenglas inklusive Deckel vor. Nehmen Sie von der Mischung aus dem »alten« Glas 20 g Anstellgut ab und geben Sie es in das neue Glas. Dann fügen Sie wieder 60 g Wasser und 60 g Mehl hinzu, rühren gut durch und lassen die Mischung 2–3 Stunden reifen, bevor Sie sie wieder kühlen. Ein guter Kompromiss zwischen gewünschter Triebfähigkeit und Frische des Anstellguts und Ihrem Zeit- und Materialeinsatz ist eine Fütterung zweimal in der Woche, zum Beispiel mittwochs und samstags. Auf diese Weise haben Sie immer frisches und triebkräftiges Sauerteiganstellgut vorrätig. Sie können es viele Jahre lang nutzen und laufen keine Gefahr, einmal plötzlich ohne Sauerteig dazustehen. Wenn Sie für längere Zeit nicht zu Hause sein können, zum Beispiel während des Urlaubs, dann führen Sie die letzte Fütterung vor dem Urlaub auf folgende Weise aus. Nehmen Sie 20 g des alten Anstellguts und mischen es mit 60 g Mehl und 35 g Wasser. Das entstehende feste Teiggemisch lassen Sie wie gewohnt aufgehen und stellen es in die Kühlung. In festen Sauerteigen laufen die Reifevorgänge etwas langsamer ab. Sie lassen sich oft doppelt bis dreifach so lange kalt lagern wie flüssige Sauerteige, bevor es zu unerwünschten Abbauvorgängen im Anstellgut kommt. Das feste

Anstellgut lässt sich nach dem Urlaub genauso nutzen wie flüssiges Anstellgut. Wenn Sie bei der ersten Pflege nach dem Urlaub mit 60 g Mehl und 70 g Wasser füttern, haben Sie wieder die gleiche flüssige Konsistenz wie vor dem Urlaub.

Sollte bei dem Fütterungsvorgang Anstellgut übrig bleiben, können Sie es auf verschiedene Weise nutzen. Ein Weg ist, es einfach in anderen Brotteigen mit zu verbacken. Alternativ können Sie es auch Kuchenteigen oder Teigen für Pfannkuchen oder süßen Waffeln oder Pancakes beimischen. Diese bekommen dann ein leicht säuerliches Aroma, das sehr schmackhaft ist. Auch als Zugabe zu Béchamelsaucen sind Anstellgutreste gut zu gebrauchen. Falls Ihnen das alles sehr kompliziert und übertrieben vorkommt, betrachten Sie Ihren Sauerteig einfach mal vergleichsweise als ein Haustier. Die im Teig enthaltenen Kleinstlebewesen benötigen genau wie ein Haustier regelmäßig frische, saubere Nahrung und Flüssigkeit, ihre Ausscheidungen müssen beseitigt und der Wohnraum gereinigt werden. Wenn Sie das nicht oder zu selten tun, vermüllt der Wohnraum und irgendwann wird das Haustier hungrig und krank. Oder Sie nehmen statt aus der Fauna ein Bild aus der Flora: Ohne ein gesundes und triebfähiges Saatgut entsteht auch in bestem Boden und bei gewissenhaftem Gießen keine gesunde und kräftige Pflanze. Um das zurück auf das Anstellgut zu übertragen: Ist Letzteres gesund und frisch, ist das der Schlüssel zum Erfolg beim Backen mit Sauerteig.

## SAUERTEIG ALS BROTTRIEBMITTEL FÜR TRADITIONSBROTE

Sauerteig ist in der Lage, Brotteige ohne zusätzliches Triebmittel zu fermentieren und aufgehen zu lassen. Dies ist allerdings ein anspruchsvollerer Weg der Fermentation als die Verwendung von Hefe. Sie als Brotbäcker sollten dazu mehrere Parameter berücksichtigen und überwachen, die das Ergebnis nicht unbeträchtlich beeinflussen. Eine der bedeutendsten Stellschrauben beim Brotbacken mit Sauerteig ist die Teigtemperatur, und zwar sowohl die des Sauerteigs als auch die des mit dem Sauerteig angesetzten Brotteigs, sowie zudem auch die Umgebungstemperatur, bei der beide reifen. Deswegen sind in den sauerteigbasierten Rezepten in diesem Buch immer die gewünschte Teigtemperatur und Umgebungstemperatur für die Reifung angegeben.

Sauerteig kann aus allen Brotgetreiden und Substraten angesetzt werden, die Stärke als Nahrung der Mikroorganismen enthalten. Die gebräuchlichsten Arten sind Roggensauerteig und Weizensauerteig, die aus den entsprechenden Getreidemehlen oder -schroten angesetzt werden. Die Verwendung von Weizensauerteig für die Brotherstellung war bis vor wenigen Jahren im deutschsprachigen Raum im Gegensatz zu Frankreich und Italien sehr unüblich. Deswegen enthalten die meisten Rezepte in diesem Buch Roggensauerteig.

Eine weitere Stellschraube für die geschmackliche Entwicklung des Sauerteigs ist die Feinheit des verwendeten Substrates, also des Mehls. Hierbei gilt: Je niedriger der Ausmahlgrad des Mehls ist, desto geringer prägt sich die Säurestruktur des Sauerteigs aus. Sauerteige aus Schrot und Vollkornmehl wiederum reifen rascher und entwickeln eine prägnantere Säure als Sauerteige aus Weißmehl.

Analog zu den Hefevorteigen wird auch bei Sauerteig zwischen flüssigen und festen Sauerteigen unterschieden. Flüssige Sauerteige reifen schneller und bringen grundsätzlich eine kräftigere Säuerung in den Brotteig. Feste Sauerteige reifen langsamer und sind grundsätzlich etwas milder als flüssige Sauerteige.

**Sauerteigansätze in Abhängigkeit vom Flüssigkeitsanteil**

| | Verhältnis Mehl zu Wasser | Menge an Anstellgut |
|---|---|---|
| Flüssiger Sauerteig | 1 Teil Mehl : 1 Teil Wasser | 5–20 Prozent |
| Fester Sauerteig | 1 Teil Mehl : 0,5–0,8 Teile Wasser | 5–20 Prozent |

In anderen europäischen Ländern existieren für diese Sauerteigansätze wohlklingendere Begriffe, die Sie vielleicht schon einmal gehört haben. In Frankreich werden sie zum Beispiel »Levain liquide« und »Levain dur« genannt. In Italien gibt es die Bezeichnung »LiCoLi« (»Lievito in Coltura Liquida«) für den flüssigen Sauerteig und »Lievito Madre« für den festen Sauerteig. Abgesehen von manchen ländertypischen Besonderheiten bei der Führung und Lagerung bezeichnen diese Begriffe aber grundsätzlich genau das Gleiche wie hier in Deutschland. Eine weitere wichtige Stellschraube für die Sauerteigqualität ist die Führungsart.

## DIE ARTEN DER SAUERTEIGFÜHRUNG

Eine dem deutschsprachigen Raum typische Eigenheit des Brotbackens ist die große Vielfalt und das tradierte Wissen um verschiedene Arten der Roggensauerteigführung. In einem Lehrbuch für Bäckerei-Fachschulen aus dem Jahr 1909 findet sich im Kapitel »Roggenbrotbäckerei« folgende Anleitung:

*»Das (Roggen-)Mehl wird zunächst recht tüchtig gesiebt, um es von allen nicht hineingehörenden Körpern zu befreien, und um es recht fein zu verteilen und aufzulockern; denn durch das Einsacken und durch den Druck beim Aufeinanderliegen haben sich oft Mehlklumpen gebildet. Das gesiebte Mehl harrt in der Beute der weiteren Verwendung. Wir wenden uns zum Sauer.*

*In den gewerbsmäßig betriebenen Bäckereien gilt als erster Grundsatz, dass der Sauer möglichst frisch und jung zur Verwendung komme. Man erreicht dies durch sein rechtzeitiges Anrichten, indem man zu einem etwa 1 Kilogramm schweren Stück vom letzten Vollsauer die gleiche Menge Mehl und Wasser von 25 °C zuknetet, sodass sich die Masse verdoppelt. Darauf überlässt man diesen als Grundsauer bezeichneten Teig in einem 25 °C warmen Raum so lange der Ruhe, bis er eine vollständige Reife erlangt hat. Dann wiederholt man das Verfahren, sodass die drei- oder vierfache Menge entsteht. Man könnte mit dieser Verdoppelung fortfahren, bis die zum Backen nötige Teigmenge vorhanden ist, lässt es aber mit der zweiten oder dritten Verdoppelung sein Bewenden haben.«* (Germania, 1909)

Dieser Absatz beschreibt im Grunde eine zwei- bis dreistufige Roggensauerteigführung, wie sie wohl Jahrhunderte üblich war. In der ersten Hälfte des 20. Jahrhunderts wurden diese Roggensauerteigführungen methodisch genauer erforscht, verfeinert und ein Regelwerk für ihre Herstellung entwickelt.

Sauerteigführungen sind im Grunde nichts anderes als ein Rezept im Rezept. Also eine Anleitung, nach der ein Sauerteig so angesetzt wird, dass er eine bestimmte geschmackliche Entwicklung vollzieht und möglichst viel Triebkraft entwickelt. Es existieren heute mehrere Arten der einstufigen und mehrstufigen Sauerteigführungen, die im Folgenden erläutert werden, soweit sie für dieses Buch relevant sind oder sich für Rezeptabwandlungen eignen. Vorab sei noch einmal betont, dass die wichtigste Voraussetzung für einen

Reifer Brotsauerteig

guten Brotsauerteig ein gesundes und triebkräftiges Anstellgut ist. Sie können eine noch so aufwendige mehrstufige Sauerteigführung nicht zu einem perfekten Ergebnis bringen, wenn Sie ein »krankes« und vernachlässigtes Anstellgut verwenden. Ihr Hauptaugenmerk sollte daher bei allen Bemühungen zur Sauerteigbäckerei darauf liegen, sich immer wieder Zeit zur Pflege des Anstellguts zu nehmen. Nur dann werden Sie mit den Backergebnissen vollständig zufrieden sein.

## DETMOLDER EINSTUFENFÜHRUNG

Sie ist die am einfachsten im Alltag zu praktizierende Art der Sauerteigführung. Flüssigkeit und Mehl werden hier mit einer variablen Anstellgutmenge und Teigausbeute angesetzt und reifen je nach gewünschtem Ergebnis bei einer bestimmten Reifetemperatur eine bestimmte Zeit lang. Durch die genannten Stellschrauben kann ein gewisser Einfluss auf die geschmackliche Entwicklung genommen werden. Oft entwickeln Detmolder Einstufensauerteige eine etwas prägnantere Säure als andere Führungen.

## MONHEIMER SALZSAUERFÜHRUNG

Diese Methode ähnelt der Einstufenführung, hat aber einen wesentlichen Unterschied: Dem Sauerteig werden 2 Prozent Salz zugefügt, um die Stoffwechselvorgänge der Milchsäurebakterien bremsend zu beeinflussen. Dadurch bleiben so geführte Sauerteige trotz der höheren Anstellgutmenge und der längeren Reifezeit geschmacklich milder, ohne Triebkraft einzubüßen. Sie haben auch den Vorteil, durch die längeren Reifezeiten flexibler im Alltag einsetzbar zu sein.

## BERLINER KURZSAUERFÜHRUNG

Dieses Verfahren verschafft Ihnen einen reifen Sauerteig innerhalb von 3–4 Stunden nach dem Ansetzen. Erreicht wird dies durch eine große Menge von möglichst triebkräftigem und frischem Anstellgut und durch eine sehr warme Führung bei 30–35 °C. Der entstandene Sauerteig ist besonders in Bezug auf die Triebkraft optimiert und geschmacklich mild. Sie können diese Führung perfekt einsetzen, wenn Sie sich zum Beispiel mittags spontan entscheiden, abends noch ein Brot zu backen.

## DETMOLDER DREISTUFENFÜHRUNG

Von manchen wird sie als Königsdisziplin der Roggensauerteigführung betrachtet und ist die Sauerteigführung, die unterschiedlicher Form bereits am längsten gebräuchlich ist. Der Sauerteig wird über drei Fütterungsstufen hergestellt, die jede für sich einen Einfluss auf den Geschmack und die spätere Triebkraft des Sauerteigs hat. Die erste Stufe (»Anfrischsauer«) aktiviert die Sauerteigmikroorganismen. Die zweite Stufe (»Grundsauer«) dient der geschmacklichen Entwicklung und findet bei kühleren Reifetemperaturen statt. Die dritte Stufe (»Vollsauer«) ist für die Triebkraftentwicklung zuständig und findet bei Reifetemperaturen von etwa 30 °C statt.

Unzweifelhaft ist die Dreistufenführung ein interessantes Instrument, um einen ausgewogenen Sauerteig für die Brotherstellung anzusetzen. Von großem Nachteil vor allem im Hobbybereich sind jedoch die zusätzlichen Arbeitsschritte, die sich meist zeitlich schlecht in den Alltag integrieren lassen, und speziell bei der ersten Stufe die winzigen Zutatenmengen, die benötigt werden.

Die Mengen der Substrate in den einzelnen Stufen können nach der sogenannten Arkady-Formel berechnet werden. Aus praktischen Gründen wird an dieser Stelle auf eine genaue Erklärung der Rechenschritte verzichtet; vereinfacht gesagt werden die Zutatenmengen der einzelnen Stufen in der Formel mithilfe der geplanten Reifezeiten errechnet.

## DETMOLDER ZWEISTUFENFÜHRUNG

Letztlich stellt dieses Verfahren eine Vereinfachung der Dreistufenführung dar, ohne wesentliche Charakteristika des Endprodukts dabei aufzugeben. Die erste Stufe (»Grundsauer«) wird mit 40 Prozent des gesamten Sauerteigmehls und einer Teigausbeute von 150–170 angesetzt, je nach Wasserbindung des Mehls. Sie reift bei 24–26 °C etwa 12–16 Stunden und dient der geschmacklichen Entwicklung. Die zweite Stufe (»Vollsauer«) wird mit den restlichen 60 Prozent des gesamten Sauerteigmehls und der gleichen Menge warmem Wasser angesetzt, wodurch sich die Teigausbeute des Vollsauers erhöht. Sie reift 3 Stunden bei 30 °C und dient vor allem der Triebkraftentwicklung. Die Detmolder Zweistufenführung lässt sich gut in den Alltag integrieren.

Sauerteig-Brotansatz nach der Stockgare

### Die Arten der Sauerteigführung im Überblick

| | Menge Anstellgut | Reifetemperatur | Teigausbeute | Reifezeit |
|---|---|---|---|---|
| **Detmolder Einstufenführung** | | | | |
| | 2,5 Prozent | 25–28 °C | 150–200 | 16–24 Stunden |
| | 5 Prozent | 25–28 °C | 150–200 | 12–18 Stunden |
| | 10 Prozent | 25–28 °C | 150–200 | 8–14 Stunden |
| **Monheimer Salzsauerführung** | | | | |
| | 20 Prozent | 35 °C fallend auf 20 °C | 200 | 16–24 Stunden |
| **Berliner Kurzsauerführung** | | | | |
| | 20 Prozent | 30–35 °C | 200 | 3–4 Stunden |
| **Detmolder Dreistufenführung** | | | | |
| 1. Stufe | 0,5–1 Prozent | 25–26 °C | 200 | 6 Stunden |
| 2. Stufe | reife 1. Stufe | 23–25 °C | 160 | 8 Stunden |
| 3. Stufe | reife 2. Stufe | 30 °C | 190 | 3 Stunden |
| **Detmolder Zweistufenführung** | | | | |
| 1. Stufe | 2,5–5 Prozent | 24–26 °C | 150–170 | 12–16 Stunden |
| 2. Stufe | reife 1. Stufe | 30 °C | 180–190 | 3 Stunden |

## DER REIFEGRAD DER SAUERTEIGE

So wie bei Ihren Brotteigen sollten Sie auch bei den Sauerteigen darauf achten, welchen Reifegrad sie während der von Ihnen gewählten Führung erreichen. Überreife und bereits eingefallene Sauerteige sollten möglichst vermieden werden, da sie auf Ihren Brotteig später nur negative Auswirkungen haben. Sie erkennen eine beginnende Überreife vor allem daran, dass sich das Volumen des Sauerteigs nicht mehr vergrößert und die Teigkuppel einzufallen beginnt. Spätestens dann sollten Sie den Sauerteig verbacken, selbst wenn im Rezept noch eine längere Reifezeit vorgesehen ist.

Bei den mehrstufigen Sauerteigführungen gilt dies insbesondere für die letzte Führungsstufe, die aufgrund der hohen Teig- und Reifetemperaturen den Zeitpunkt der Vollreife recht schnell erreichen und überschreiten kann.

Verwenden Sie im Zweifelsfall lieber einen noch nicht vollständig gereiften Sauerteig, statt unbedingt auf den Moment zu warten, in dem er den optimalen Reifegrad erreicht hat.

## TEMPERATURSTEUERUNG UND -EINHALTUNG

Die genannten Führungen bedürfen, wie Sie gesehen haben, oft einer bestimmten konstant gehaltenen Umgebungstemperatur zur Reifung. Sie können dies in einem normalen Haushalt auf einfachere Weise durch Improvisationen erreichen.

Sauerteige können Sie zum Beispiel in Ihren etwa 15 Minuten auf 30 °C vorgeheizten Backofen stellen. Wenn ein Backstein im Ofen mit vorgeheizt wird, hält sich im Ofen einige Stunden länger eine höhere Reifetemperatur als im Raum. Andere Möglichkeiten sind die Nutzung von wärmeren oder kälteren Räumen, zum Beispiel im Winter des ofengeheizten Wohnzimmers oder von kühleren Schlaf- oder Kellerräumen. Im Sommer erreichen Sie günstige Sauerteig-Reifetemperaturen oft schon allein aufgrund des wärmeren Wetters.

### TIPP: GÄRBOX

Wenn Sie die Temperaturparameter genau einhalten wollen, sollten Sie eine sogenannte Gärbox in Erwägung ziehen. Sie erleichtert Ihnen das Backen mit Sauerteigen ungemein, vor allem wenn Sie Ihre Teige nur mit Sauerteig fermentieren wollen. Im einfachsten Fall kann eine solche Gärbox eine Kunststoffschachtel aus Isolierschaum sein, wie sie auch Pizzalieferdienste verwenden. Dazu benötigen Sie noch aus dem Terrarium-Fachhandel eine Heizmatte und einen Thermostat sowie einen Rost. Die Heizmatte kommt auf den Boxboden und darauf der Rost, damit die Teige später nicht direkt auf der Heizmatte stehen. Der Messfühler des Thermostat muss sich in der Box befinden, um die dortige Temperatur zu messen und so die Heizmatte zu steuern. Hierzu wird er einfach eingehängt oder durch ein kleines Loch in der Thermoboxwand eingeführt. In der verschlossenen Box können Sie dann Ihre Sauerteige – sowie Brotteige – bei korrekter Temperatur reifen lassen. Inzwischen gibt es auch einen Anbieter, der eine fertige und gut geeignete Gärbox, die sich einfach zusammenfalten und verstauen lässt, herstellt.

Im Gärkörbchen gereiftes Sauerteigbrot bei Vollreife

## GESUNDHEITLICHE ASPEKTE VON SAUERTEIGEN

Sauerteig ist und bleibt das natürlichste und auch aus gesundheitlicher Sicht beste Brottriebmittel, das bislang existiert. Getreide enthält neben seinen nahrhaften und gesunden Bestandteilen auch einige Eiweiße und Zuckerstoffe, die Verdauungsbeschwerden wie schmerzhafte Blähungen und Durchfälle auslösen können. Nach der Herstellung des Getreideteigs beginnt dessen Reifung oder Fermentation. Das heißt, dass die Mikroorganismen beginnen, sich von einigen Teigbestandteilen zu ernähren und andere durch ihre Stoffwechselprodukte und Enzyme biochemisch abzubauen.

Inzwischen ist wissenschaftlich erwiesen, dass Sauerteigmikroorganismen noch mehr können als den Abbau von Stärke und Zuckerstoffen (was durch die Hefepilzstämme ohnehin schon in ausreichendem Maß geschieht). Sie sind auch in der Lage, Eiweiße wie Amylase-Trypsin-Inhibitoren und selbst Gluten zum Teil abzubauen. Während einer Sauerteigfermentation reduzieren sich also die Mengen dieser Stoffe in Teigen. Das kann gut fermentierte Sauerteigbrote sogar noch besser bekömmlich machen als gleich gut fermentierte Hefebrote!

Womöglich liegt ein Grund für die früher bessere Verträglichkeit von Brot darin, dass die Verwendung von Natursauerteig aus der Brotherstellung damals noch nicht wegrationalisiert worden war.

Nutzen Sie deshalb, wann immer Sie können oder es für das gewünschte Brot passend ist, auch einen Sauerteig beim Brotbacken.

# DIE ARBEITSSCHRITTE – BROTBACKEN STEP BY STEP

Die Herstellung eines Brots in der eigenen Küche folgt grundsätzlich immer den gleichen Arbeitsschritten. Zwischen all diesen Schritten bestehen Ruhepausen, die Ihre Aufmerksamkeit nur wenig in Anspruch nehmen. Stellen Sie sich, bevor Sie loslegen, immer alle nötigen Zutaten und Werkzeuge bereit, damit Sie nicht während der Arbeit danach suchen müssen.

## VORTEIG/SAUERTEIG HERSTELLEN

Mischen Sie die Vorteigzutaten gründlich und lassen Sie sie die im Rezept angegebene Zeit reifen. Achten Sie gegebenenfalls auf die nötige Teigtemperatur und Reifetemperatur, damit Ihr Vorteig den richtigen Reifegrad erreicht.

## HAUPTTEIG MISCHEN UND KNETEN

Geben Sie die Hauptteigzutaten gemäß dem Rezept in die Knetmaschine und führen Sie die Knetanweisungen aus. Achten Sie dabei auf den Teig! Jeder Rohstoff verhält sich etwas anders und jede Maschine hat andere Auswirkungen auf den Teig. Deswegen können Knetzeitangaben in Rezepten nur annähernd angegeben werden. Entscheidend ist stets der Zustand Ihres Teigs und dementsprechend können und sollten Sie auch vom Rezept abweichen, falls nötig.

Die meisten Teige werden geknetet, bis sie sich von der Schüsselwand lösen. Je höher der Anteil an Roggenmehl im Teig ist, desto weniger wird sich der Teig von der Schüsselwand lösen. Roggenbrotteige brauchen lediglich gut gemischt werden, da sich keine Kleberstruktur aufbaut.

Auch beim Mischen und Kneten ist die Entwicklung der Teigtemperatur zu beachten. Kneten – vor allem maschinelles Kneten – erwärmt den Teig mit der Zeit. Bedenken Sie dies, bevor Sie einen Teig sehr lange kneten: Ein zu warmer Teig wirkt sich oft nachteilig auf die Teigstruktur aus.

## ERSTE TEIGRUHE (STOCKGARE)

Während der ersten Teigruhe kommen die Reifevorgänge im Teig in Gang (Fermentation). Lagern Sie den Teig hierzu entweder in der Knetschüssel oder in einem anderen lebensmittelechten Gefäß, decken ihn gut ab und lassen ihn ruhen. Diese sogenannte Stockgare kann zwischen wenigen Minuten bei Roggenteigen bis zu vielen Stunden bei Weizenteigen dauern. Die Dauer hat Einfluss auf das spätere Backergebnis. Auf die Dauer der Reifezeit hat auch hier die Teigtemperatur und Umgebungstemperatur einen entscheidenden Einfluss.

## TEIG VORFORMEN UND FORMEN (WIRKEN)

Der ausreichend gereifte Teig wird nun auf der Arbeitsfläche in ein bis zwei Arbeitsschritten in seine endgültige Form gebracht. Dies geschieht durch unterschiedliche Form- und Wirktechniken, die Sie sich vorher angeeignet haben sollten. Im Zweifel können Sie jeden Teig auch in eine Kastenform füllen und später darin backen.

## ZWEITE TEIGRUHE (STÜCKGARE)

Der Teig reift nun ein zweites Mal, bevor er gebacken wird. Diese Phase ist entscheidend für das spätere Aussehen des Brotes: Eine kurze Stückgare führt zu einem stärkeren Aufgehen und Aufreißen des Teiglings im Ofen, während eine längere Stückgare den Ofentrieb verringert. Bei der Stückgare ist wieder Ihr Teiggefühl gefragt. Sie können aus eigener Erfahrung am besten sehen und fühlen, wie weit sich Ihr Teig schon entwickelt hat. Zeitangaben im Rezept können hier nur eine Richtschnur sein, ein ungefähres Zeitfenster, in dem Ihr Teig wahrscheinlich bereit zum Backen ist. Gelegentlich finden während der Stückgare weitere Arbeitsschritte statt.

## OFEN VORHEIZEN

Mindestens 30 Minuten vor dem Backen heizen Sie dann den Ofen in der angegebenen Backfunktion auf die geforderte Temperatur vor. Dies ist wichtig, damit Ofenwände und Backstein oder Backstahl gut durchgeheizt sind. Unzureichendes Vorheizen hat negative Auswirkungen auf das Backergebnis.

## EINSCHNEIDEN UND BACKEN

Vor dem Backen platzieren Sie eine Dauerbackfolie oder ein Lochblech auf den Einschießer und kippen dann den Teigling darauf. Wenn es im Rezept vorgesehen ist, schneiden Sie den Teigling mit einem Messer oder einer Rasierklinge wie angegeben ein. Wie tief Sie schneiden, hängt vom Garezustand des Teiglings ab. Je reifer der Teigling ist, desto weniger tief sollten Sie einschneiden.

Dann kann es losgehen: Öffnen Sie die Ofentür und befördern Sie den Teigling mithilfe des Einschießers und einer raschen Hin-und-her-Bewegung auf den Backstein. Falls Sie eine Kastenform benutzen, können Sie sie einfach von Hand auf den Stein stellen. Anschließend geben Sie die im Rezept angegebene Menge Wasser in die Schwadenschüssel oder den Schwadomat und schließen sofort die Ofentür. Achten Sie darauf, ob laut Rezept der Schwaden vorzeitig abgelassen werden soll; bei manchen Broten ist das für ein schönes Ergebnis erforderlich.

Falls angegeben, reduzieren Sie die Backtemperatur nach dem Einschießen und backen den Teigling so lange wie im Rezept genannt. Achten Sie dabei auf das Brot: Haushaltsöfen zeigen nie die Temperaturen absolut genau an. Wird das Brot zu schnell dunkel, reduzieren Sie die Backtemperatur. Wenn Sie sich unsicher sind, ob Ihr Brot durchgebacken ist, nutzen Sie ein Einstichthermometer: Das Brot ist fertig, wenn die Kerntemperatur 94–96 °C erreicht hat.

## HERAUSNEHMEN UND AUSKÜHLEN LASSEN

Ist das Brot fertig gebacken, nehmen Sie es mithilfe des Einschießers aus dem Ofen. Kastenformen nehmen Sie mit einem Backhandschuh heraus und lösen dann das Brot aus der Form. Für einen schönen Glanz sollten Sie die Brote direkt nach dem Backen mit einem feinen Wassernebel besprühen. Das hat auch den Vorteil, dass eventuelle Mehlreste besser am Brotlaib haften.

Lassen Sie den Brotlaib ausreichend lange auf einem Rost abkühlen, bevor Sie ihn anschneiden. Warmes Brot kann sonst beim Schneiden zerbröseln oder am Messer kleben. Bei Roggenbroten und Roggenmischbroten empfiehlt sich eine Abkühlzeit von mindestens 6–12 Stunden.

# HINWEISE ZU DEN REZEPTEN

In diesem Buch finden Sie 50 Rezepte, die jedes für sich gesehen ein bekanntes Traditionsbrot oder -brötchen ergeben.

Der wichtigste Hinweis zuerst: Sie sollten jedes Rezept, bevor Sie mit der Umsetzung beginnen, einmal komplett durchlesen. Manchmal finden sich nämlich in den Anleitungstexten noch Hinweise, die in der Zutatenspalte nicht unterzubringen waren. Oder es kann in der Hitze des Gefechts während der Zubereitung passieren, dass Sie etwas übersehen oder eine Zutat zu früh zum Teig geben, die erst später aufgeführt wird. Wenn Ihnen Arbeitsschritte unklar sind, machen Sie sich erst einmal über ihre Durchführung schlau, bevor Sie loslegen. Solche Informationen können Sie im Internet finden, oft auch in aussagekräftigen Videos oder Step-by-Step-Anleitungen.

Zu jedem Rezept in diesem Buch ist jeweils angegeben, wie viel Brote und Brötchen es ergibt. Sie können daher ganz einfach, wenn Sie mehr oder weniger backen mögen, die Zutatenmengen entsprechend anpassen. Bedenken Sie dabei jedoch, dass sich bei schwereren und größeren Broten die Backzeit verlängert und andersherum bei leichteren, kleineren Broten kürzer ist.

Zudem ist in den Rezepten vermerkt, welche Form oder welches Gärkörbchen am besten dafür verwendet wird und wie schwer die Teiglinge sein sollten. Ob Sie Ihr Brot rund oder lang formen oder ob Sie es grundsätzlich in der Kastenform backen, bleibt völlig Ihnen überlassen.

Die Zutatenspalte listet alle Zutaten in der Reihenfolge auf, in der sie in die Knetschüssel gegeben werden sollen. Bei manchen Rezepten werden einzelne Zutaten erst später in den Teig geknetet, Angaben dazu finden Sie auch in der Zubereitungsanleitung.

Temperaturangaben in der Zutatenspalte und/ oder in den Anleitungen sollten möglichst eingehalten werden. Denn die Reifezeitangaben sind für diese Temperaturvorgaben vorgesehen. Wenn Teigtemperaturen oder Reifetemperaturen dagegen abweichen, ändern sich auch die Reifezeiten.

In der Zutatenliste wird gelegentlich erwähnt, dass eine Zutat für die Herstellung optional, also nicht zwingend erforderlich ist. In den meisten Fällen betrifft das die Frischhefe. Bei den Roggenbrot- und Roggenmischbrotrezepten ist fast immer die Sauerteigmenge völlig ausreichend, um den Brotteig auch ohne Hefe reifen zu lassen. Geben Sie in diesen Fällen die Hefe nur dazu, wenn Sie sich unsicher sind, wie gut Ihr Sauerteig treibt, oder wenn das Brotbacken mal schnell(er) gehen muss. Ansonsten bleiben Sie beim Brot mit reiner Sauerteigreifung, denn es bleibt nicht nur länger frisch, sondern ist meist auch aromatischer.

Wenn andere Zutaten als optional genannt sind, dann können Sie sie ohne größere Auswirkungen auf das Ergebnis weglassen.

Wenn Ihnen ein Rezept für Ihren Geschmack zu viel Frischhefe enthält, können Sie die Menge natürlich reduzieren und die Reifezeit der Teige entsprechend verlängern. Die angegebenen Mengen stellen zwar einen aus meiner Sicht guten Kompromiss aus zeitlicher Praktikabilität und hinreichend langer Fermentation dar, aber entscheiden Sie selbst!

Folgen Sie ansonsten einfach Schritt für Schritt den Anleitungen anhand von Zeitangaben. Bedenken Sie dabei aber, dass sich die Bedingungen bei Ihnen zu Hause von den Bedingungen in meiner Küche unterscheiden können. Sie nutzen vielleicht andere Rohstoffe, haben eine andere Hefe, einen anderen Sauerteig oder es herrscht eine andere Raumtemperatur. Dann passen die Zeitangaben in den Rezepten nicht mehr genau und müssen angepasst werden: Letztlich sagt Ihnen immer der Teig, wann er bereit für den nächsten Schritt ist, nicht eine statische Zeitangabe im Rezept. Bestimmen Sie daher den Garezustand Ihres Teigs, wie Sie es normalerweise tun, und fahren dann entsprechend fort.

Jedes Rezept folgt einem Zeitplan, in dem beispielhaft verdeutlicht wird, wie Sie es ganz leicht in Ihren Alltag integrieren können. Sie können die Zeiten aber auch beliebig – solange die angegebenen durchschnittlichen Reifezeiten eingehalten werden – anders über den Tag verteilen. Sie können zudem die Rezeptparameter anpassen, kalte Reifezeiten einbauen oder mit den Triebmittelmengen spielen. Detaillierte Tipps dazu finden Sie auch in meinem Buch »Brotbackplaner«.

Sollte Ihnen ein Rezept einmal völlig misslingen, dann überprüfen Sie zunächst, ob Sie die Anweisungen wirklich korrekt ausgeführt und die Zutatenmengen richtig abgemessen haben. Es liegt oft nicht nur an Kleinigkeiten, wenn ein Brot misslingt, sondern an Grundsätzlichem, etwa einem ungeeigneten Rohstoff, einem Messfehler, falsch eingehaltenen Temperaturparametern oder einem komplett falsch durchgeführten Arbeitsschritt. Probieren Sie das Rezept also zum Beispiel noch einmal mit Zutaten eines anderen Herstellers aus oder, falls Sie den Fehler nicht finden, wenden Sie sich an mich und die Mitglieder meiner Facebook-Gruppe »Mipano – gutes Brot gemeinsam backen«, wir helfen Ihnen gerne weiter.

## ZUTATEN AUSTAUSCHEN

Wenn Sie Zutaten in den Rezepten nicht vertragen bzw. dagegen allergisch sind oder aus religiösen oder persönlichen Gründen bestimmte Lebensmittel ablehnen, stellt das in den meisten Fällen kein Hindernis dar, die Brote aus diesem Buch nachzubacken. Denn es gibt viele Alternativen und Lösungsvorschläge.

## WEIZENALLERGIE/-UNVERTRÄGLICHKEIT

Bei einer Weizenallergie besteht eine allergische Reaktion auf bestimmte Eiweiße, die sich im Weizenkorn befinden. Dies kann Verdauungs- und viele andere Beschwerden hervorrufen. Daher sollte der Genuss von Weizen weitestgehend vermieden werden. Das ist bei den Broten in diesem Buch kein Problem: Sie können sie statt mit Weizenmehl ebenso mit Dinkelmehl, Emmermehl oder Kamutmehl backen.

Bei Rezepten mit mehr als 70 Prozent Weizenanteil sind für mich Quellmittel wie Flohsamenschalenpulver der Geheimtipp für gutes Gelingen. Setzen Sie als Faustregel pro Brot- oder Brötchenrezept 10 g davon mit 50 g Wasser an und lassen es aufquellen. Das-60-g-Quellstück geben Sie dann mit den anderen Zutaten (inklusive des Ersatzes für das Weizenmehl) vor dem Kneten in die Teigmaschine. Das Quellmittel stabilisiert Ihre Teigstruktur und hilft, ein ähnliches Backergebnis wie mit Weizen zu erzielen. Kneten Sie außerdem kürzer und vorsichtiger. Helfen kann auch, dem Teig eine Messerspitze Vitamin-C-Pulver hinzuzufügen, denn das Vitamin macht Teige aus Dinkel und Urgetreiden straffer. Alternativ gibt es für das Backen mit Dinkel und Urgetreiden inzwischen fertige Pflanzenfaser-Pulver wie Aquaposa, denen bereits Vitamin C zugesetzt ist.

## ROGGENALLERGIE

Ähnlich wie bei der Weizenallergie kann es hier durch den Verzehr von Roggen zu Verdauungsstörungen und anderen gesundheitlichen Folgen kommen.

Ersetzen Sie daher das Roggenmehl in den Rezepten einfach durch andere, weniger backfähige Getreidesorten wie Einkorn- oder Gerstenmehl. Allerdings werden die Brote einen anderen Geschmack haben und gegebenenfalls müssen Sie etwas mit den Flüssigkeitsmengen experimentieren, damit es funktioniert. Denn Roggen bindet üblicherweise etwas mehr Wasser als andere Getreidesorten. Geben Sie deshalb erst einmal 10–15 Prozent weniger Wasser zum Hauptteig und entscheiden beim Kneten je nach Teigbeschaffenheit, ob Sie dann noch mehr Wasser zufügen.

## LAKTOSEINTOLERANZ

Bei einer Laktoseintoleranz kann aufgrund eines Enzymmangels im Darm von Betroffenen Milchzucker nicht abgebaut werden. Sie reagieren daher auf Milch und Milchprodukte mit schmerzenden Blähungen und Durchfällen. Bei Rezepten, die Milch, Milchpulver, Butter oder Joghurt enthalten, können Sie heutzutage problemlos auf entsprechende laktosefreie Alternativen ausweichen, die es überall zu kaufen gibt. Butter ersetzen Sie durch Butterschmalz oder Ghee.

Sollten Sie zusätzlich eine Milcheiweiß-Allergie haben, können Sie auch pflanzliche Austauschprodukte wie Hafermilch, Haferjoghurt oder entsprechende aus Mandel, Reis oder Soja verwenden. Bedenken Sie dabei, dass diese Produkte oft einen etwas höheren Wassergehalt als solche aus Milch haben. Geben Sie also eine etwas geringere Menge zum Teig. Butter ersetzen Sie in diesem Fall durch Margarine.

## HISTAMININTOLERANZ

Sie führt zu vielfältigen Symptomen, allen voran der Nesselsucht. Das sind rötliche Hautausschläge, die stark jucken können. Es ist fachlich umstritten, ob der Genuss von Brot eine ausreichend hohe Menge Histamin in den Körper bringt, um Beschwerden auszulösen. Nach Ansicht der allergologischen und gastroenterologischen Fachgesellschaften kann Brot bedenkenlos verzehrt werden. Auf der anderen Seite finden sich im Internet aber auch Angaben vieler Betroffener, die Hefe und Sauerteigbrot als Auslöser ihrer Beschwerden sehen. Ihre Aussagen sind zu großen Teilen nur anekdotisch belegt, finden aber großen Anklang.

Bedingt durch die Entstehung des Histamins kommt es meines Erachtens, was Brot betrifft, sowohl auf die Triebmittelmenge als auch die Dauer der Fermentation an. Wenn Sie unter Histaminintoleranz leiden und nach dem Brotverzehr Beschwerden haben, die sich durch keine andere Ursache erklären lassen, können Sie zunächst versuchen, durch Erhöhung der Triebmittelmenge die Reifezeiten zu verkürzen. Das sorgt gleichzeitig für eine geringere Menge Histamin im Backwerk.

Hilft das nicht, können Sie versuchen, die Rezepte dieses Buchs auch mit Backpulver zu backen; ich weise allerdings darauf hin, dass die Rezepte von mir nicht auf ihre Gelingsicherheit mit Backpulver getestet wurden. Brotbacken mit Backpulver geht nur unter Inkaufnahme von Beeinträchtigungen beim Geschmack und der Optik des Brotes. Bedenken Sie außerdem, dass dabei alle wichtigen Fermentationsvorgänge entfallen und somit andere Reizstoffe als Histamin im Teig in größerer Menge vorkommen. Die Lockerung des Brotteigs erfolgt bei Backpulver auf chemischem Weg. Daher sind Brote mit Backpulver fast immer sehr feinporig. Wenn Sie es dennoch versuchen wollen, lassen Sie sämtliche Sauerteige und Hefevorteige weg und rechnen deren Zutaten zu den Hauptteigzutaten hinzu.

Bei den Roggenbroten können Sie einen Teil des Wassers durch einen hochwertigen Branntweinessig oder eine gute Essigessenz ersetzen, um eine Teigsäuerung zu erreichen. Seien Sie insbesondere bei Essigessenz mit der Zugabe vorsichtig, damit der Teig nicht zu sauer wird. Verwenden Sie keine anderen Essigsorten, da diese in vielen Fällen Histamin enthalten. Als Triebmittel geben Sie anstatt Hefe die nötige Menge Backpulver zum Hauptteig, meist 1 Packung pro 500 g Mehl, und kneten Sie wie angegeben. Der Teig benötigt keine oder kaum Ruhezeit und kann nach dem Kneten rasch geformt und gebacken werden.

## ALLERGIE GEGEN EI

Sollten Sie auf Eier allergisch reagieren, lassen Sie sie in den Rezepten einfach weg. Geben Sie jeweils statt 1 Ei 35 g zusätzliches Wasser zum Teig. Oder verwenden Sie statt normalem Wasser das Abtropfwasser von gekochten Kichererbsen. Darin sind ähnliche Proteine und Emulgatoren wie im Ei enthalten, sodass die gewünschten backtechnischen Funktionen teilweise imitiert werden.

## REIZDARMSYNDROM

Das Reizdarmsyndrom beruht nach heutiger Ansicht neben anderen Faktoren vor allem auf der Aufnahme sogenannter Mehrfachzuckerstoffe (FODMAPS). Diese führen im Dickdarm zu Gärungsvorgängen, schmerzhaften Blähungen und Durchfällen oder Verstopfungen.

In Lebensmitteln wie Zwiebeln, Knoblauch, Artischocken, Äpfeln und Birnen ist ein Vielfaches an FODMAP enthalten, Fruchtsäfte und Softdrinks wie Cola enthalten noch mehr davon.

Dagegen zählt Brot, wenn der Teig ausreichend lange fermentiert wurde, nicht zu den sonderlich mehrfachzuckerstoffreichen Lebensmitteln. Selbst beim Verzehr von 2–3 Scheiben bleiben Sie vor allem bei den Weizen- und Weizenmischbroten noch unterhalb der Aufnahmemenge an FODMAP, die Symptome auslösen kann.

Bei Roggen- und Roggenmischbroten ist der FODMAP-Gehalt meist etwas höher, lässt sich aber auch durch Fermentation senken. Die Rezepte in diesem Buch sind alle so gestaltet, dass die Teige ausreichend lange reifen und Reizdarmpatienten keine (oder allenfalls geringe) Probleme bereiten sollten.

## RELIGIÖSE EINSCHRÄNKUNGEN

Sollten Sie aus religiösen Gründen zum Beispiel kein Schweineschmalz essen, dann tauschen Sie dieses in den Rezepten einfach gegen Butterschmalz oder Butter aus. Wenn Sie aufgrund Ihrer Religion auf Milch verzichten, dann geben Sie stattdessen Wasser – etwa 10 Prozent weniger Wasser als Milch – zum Teig.

## VEGETARISCHE/VEGANE ERNÄHRUNG

Ersetzen Sie alle Zutaten tierischen Ursprungs in den Rezepten durch entsprechende Alternativprodukte. Statt Butter und Schmalz können Sie beispielsweise Margarine, Kokosfett oder Pflanzenöl verwenden. Eier lassen Sie weg und tauschen sie aus wie unter »Allergie gegen Ei« (siehe Seite 61) beschrieben: 1 Ei durch 35 g Wasser oder Abtropfwasser von gekochten Kichererbsen. Milch können Sie durch Mandelmilch, Hafermilch oder Sojamilch ersetzen. Der Eigengeschmack dieser Pflanzendrinks verändert den Brotgeschmack zwar ein wenig, aber experimentieren Sie einfach damit.

## ZÖLIAKIE

Leiden Sie an einer Zöliakie, also einer Glutenunverträglichkeit, dann gibt es leider keine Alternativen bei den Rezepten. Denn Gluten befindet sich in allen Brotgetreiden, die auch in diesem Buch verwendet werden.

Bäckerleinen

# WEIZENMISCH- & *Weizenbrote*

# FRIESISCHES WEISSBROT

*Weizenbrot*

# FRÜHSTÜCKSBROT

*Weizenmischbrot 85/15*

# FRIESISCHES WEISSBROT

## *Weizenbrot*

Die nordfriesische Landschaft ist rau und durch die Lage an der Nordsee geprägt. Den dort lebenden Menschen sagt man Wortkargheit und ein eigenbrötlerisches Wesen nach. Wer einmal dort gelebt hat, weiß, dass das nur ein Vorurteil ist! In der Gegend ist früher traditionell dunkles Roggenbrot die verbreitetste Brotsorte gewesen. Heute essen die Friesen auch ganz gern ein mildes Weißbrot wie dieses hier.

Für 1 Brot (Teigeinwaage ca. 1020 g)
Teigtemperatur nach dem Kneten: 24 °C

VORTAG

**20:00** *Vorteig herstellen*

- 0,2 g Frischhefe (reiskorngroßes Stück)
- 120 g Wasser
- 180 g Weizenmehl Type 1050

Die Hefe im Wasser auflösen. Dann das Mehl zugeben und alles vermengen. Den Teig auf der Arbeitsfläche zu einer glatten Kugel verkneten und abgedeckt bei Raumtemperatur 10–16 Stunden reifen lassen.

**Arbeitszeit: 5 Minuten**
**Reifezeit: 10–16 Stunden**

BACKTAG

**8:00** *Hauptteig herstellen plus Stockgare*

- 245 g kaltes Wasser
- reifer Vorteig
- 420 g Weizenmehl Type 550
- 15 g inaktives Gerstenmalz
- 20 g Schweineschmalz oder Butter
- 14 g Salz
- 6 g Frischhefe

Nach der Reifezeit des Vorteigs die Zutaten für den Hauptteig in die Schüssel der Knet-/Küchenmaschine geben. Zunächst alles 4 Minuten langsam, dann 4–6 Minuten schnell zu einem glatten Teig verkneten. Diesen abgedeckt bei Raumtemperatur 75 Minuten reifen lassen.

**Arbeitszeit: 15 Minuten**
**Reifezeit: 75 Minuten**

1

2

BACKTAG

**09:30** *Teigling formen plus Stückgare*

Nach der Stockgare den Teig auf die leicht bemehlte Arbeitsfläche setzen. Ein Stück von 100 g abteilen und beiseitelegen. Den Rest erst leicht rund wirken und danach zu einem ovalen Brotteigling straff lang wirken.

Aus dem 100-g-Stück einen Strang formen, der etwas länger als der Brotteigling ist. Den Brotteigling mit dem Schluss nach unten auf den Einschießer oder Backpapier legen und mit hellem Roggenmehl bemehlen. Den Strang ebenfalls mit hellem Roggenmehl bemehlen und mittig längs auf den Teigling legen. Die Enden des Stranges unter den Teigling einschlagen und gegebenenfalls etwas festdrücken. Das Brot abgedeckt etwa 60 Minuten reifen lassen.

**Arbeitszeit: 10 Minuten**
**Reifezeit: 60 Minuten**

**10:15** *Ofen vorheizen*

30–40 Minuten vor dem Backen den Backofen (mit Backstein) auf 240 °C (Ober-/Unterhitze) vorheizen.

**10:45** *Einschießen*

Das gereifte Brot mit etwas Wasser besprühen, in den Ofen einschießen und mit 50 g Wasser schwaden. Dann die Temperatur auf 210 °C reduzieren und das Brot in 40–50 Minuten abbacken.

**Arbeitszeit: 5 Minuten**
**Backzeit: 40–50 Minuten**

**11:15** Nach dem Backen sofort mit einem Wassernebel besprühen oder abstreichen und abkühlen lassen.

# FRÜHSTÜCKSBROT
## *Weizenmischbrot 85/15*

**Auch wenn sich kräftige und dunkle Brote in Deutschland großer Beliebtheit erfreuen, so zeigen doch Statistiken, dass bis zu 30 Prozent der Menschen regelmäßig Toastbrot kaufen. Mit diesem Rezept erhalten Sie ein feines Toastbrot, dessen Schrot- und Vollkornanteile es ernährungsphysiologisch wertvoller machen als herkömmliches helles Toastbrot.**

Für 1 Brot (Kastenform, Teigeinwaage ca. 910 g)
Teigtemperatur nach dem Kneten: 24 °C

VORTAG

**20:00** *Sauerteig ansetzen (Einstufenführung)*

- 65 g warmes Wasser (45 °C)
- 65 g Roggenschrot
- 7 g Sauerteiganstellgut

Die Zutaten mischen und abgedeckt bei Raumtemperatur 12 Stunden reifen lassen.

**Arbeitszeit: 5 Minuten**
**Reifezeit: 12 Stunden**

BACKTAG

**8:00** *Hauptteig herstellen plus Stockgare*

- 175 g Wasser
- reifer Sauerteig
- 100 g Vollmilch
- 380 g Weizenmehl Type 550
- 65 g Weizenvollkornmehl
- 9 g Salz
- 10 g Zucker
- 20 g Butter
- 7 g Frischhefe

Nach der Reifezeit des Sauerteigs die Zutaten für den Hauptteig in die Schüssel der Knet-/Küchenmaschine geben und so lange kneten, bis der Teig glatt ist und sich von der Schüsselwand löst; das dauert je nach Maschine bis zu 10 Minuten. Dann abgedeckt bei Raumtemperatur 30–40 Minuten reifen lassen.

**Arbeitszeit: 15 Minuten**
**Reifezeit: 30–40 Minuten**

BACKTAG

**8:45** *Teigling formen plus Stückgare*

Nach der Stockgare den Teig auf die bemehlte Arbeitsfläche geben. Zunächst rund formen und 10 Minuten ruhen lassen.

Danach straff zylindrisch lang formen. Die Form fetten und den Teigling mit dem Schluss nach unten hineinlegen. Abgedeckt 90 Minuten aufgehen lassen, der Teig sollte in dieser Zeit den Rand der Form erreichen.

**Arbeitszeit: 10 Minuten**
**Reifezeit: 10 + 90 Minuten**

**10:00** *Ofen vorheizen*

30–40 Minuten vor dem Backen den Backofen (mit Backstein) auf 240 °C (Ober-/Unterhitze) vorheizen.

**10:30** *Einschießen*

Die Oberfläche des gereiften Teiglings mit einem Wassernebel besprühen, in den Ofen einschießen und mit 50 g Wasser schwaden. Die Temperatur auf 200 °C reduzieren und das Brot in 40–45 Minuten abbacken.

**Arbeitszeit: 5 Minuten**
**Backzeit: 40–50 Minuten**

**11:15** Das fertige Brot aus dem Ofen nehmen und abkühlen lassen.

# HALBWEISSBROT NACH ALTER ART

*Weizenbrot*

# ROSINENBROT

*Weizenbrot*

# *Weizenbrot*

**Dieses dunklere Weizenbrot besticht aromatisch durch die Kombination aus dunklem Weizenmehl, Vollkornmehl und einem »gesäuerten Vorteig« – eine kongeniale Verbindung der Vorteile und geschmacklichen Effekte eines festen Vorteigs mit denen eines Weizensauerteigs. Das Rezept ergibt ein feines Alltagsbrot und lässt sich wunderbar abwandeln. Peppen Sie zum Beispiel den Teig mit 100 g gerösteten Sonnenblumenkernen und Leinsamen auf – einfach unterkneten und backen wie beschrieben.**

Für 1 Brot (langes oder rundes Gärkörbchen, Teigeinwaage ca. 975 g)
Teigtemperatur nach dem Kneten: 24 °C

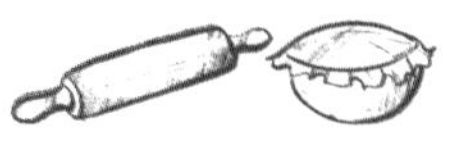

VORTAG

**18:00** *Vorteig herstellen (gesäuerter Vorteig)*

- 1 g Sauerteiganstellgut
- 0,1 g Frischhefe (reiskorngroßes Stück)
- 55 g lauwarmes Wasser (35 °C)
- 85 g Weizenvollkornmehl

Das Anstellgut und die Hefe im Wasser auflösen. Dann das Mehl zugeben und alles zu einer Teigkugel verkneten. Diese abgedeckt bei Raumtemperatur 12–16 Stunden reifen lassen.

**Arbeitszeit: 5 Minuten**
**Reifezeit: 12–16 Stunden**

BACKTAG

**8:00** *Hauptteig herstellen plus Stockgare*

- 325 g kaltes Wasser
- reifer gesäuerter Vorteig
- 340 g Weizenmehl Type 812
- 140 g Weizenvollkornmehl
- 15 g Schweine- oder Butterschmalz
- 12 g Salz
- 6 g Frischhefe

Nach der Reifezeit des Vorteigs die Zutaten für den Hauptteig in die Schüssel der Knet-/Küchenmaschine geben. Zunächst alles 5–6 Minuten langsam, anschließend 3–4 Minuten auf nächsthöherer Knetstufe verkneten, bis der Teig glatt ist und sich von der Schüsselwand löst. Dann abgedeckt bei Raumtemperatur 60–75 Minuten reifen lassen.

**Arbeitszeit: 15 Minuten**
**Reifezeit: 60–75 Minuten**

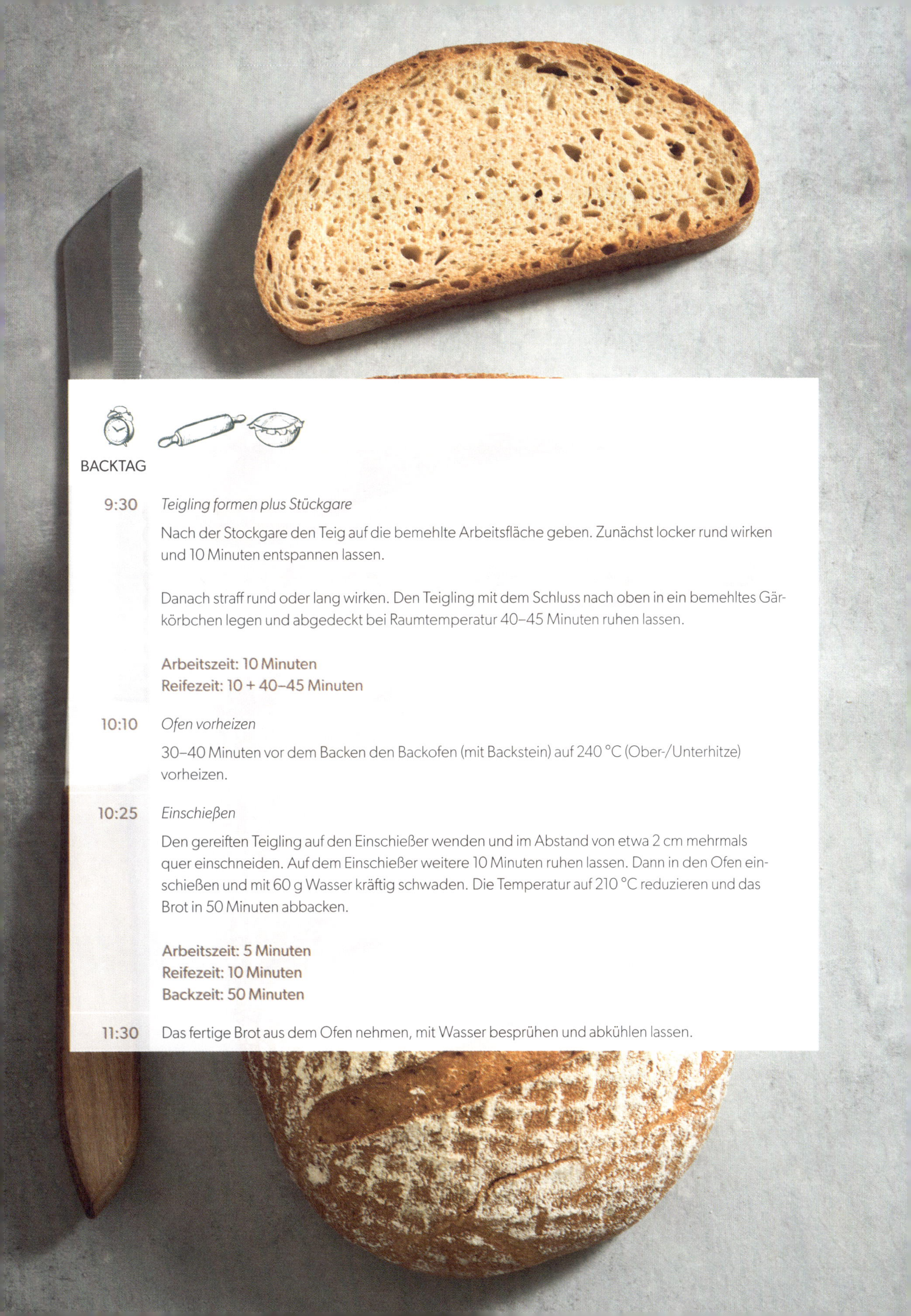

BACKTAG

**9:30** *Teigling formen plus Stückgare*

Nach der Stockgare den Teig auf die bemehlte Arbeitsfläche geben. Zunächst locker rund wirken und 10 Minuten entspannen lassen.

Danach straff rund oder lang wirken. Den Teigling mit dem Schluss nach oben in ein bemehltes Gärkörbchen legen und abgedeckt bei Raumtemperatur 40–45 Minuten ruhen lassen.

**Arbeitszeit: 10 Minuten**
**Reifezeit: 10 + 40–45 Minuten**

**10:10** *Ofen vorheizen*

30–40 Minuten vor dem Backen den Backofen (mit Backstein) auf 240 °C (Ober-/Unterhitze) vorheizen.

**10:25** *Einschießen*

Den gereiften Teigling auf den Einschießer wenden und im Abstand von etwa 2 cm mehrmals quer einschneiden. Auf dem Einschießer weitere 10 Minuten ruhen lassen. Dann in den Ofen einschießen und mit 60 g Wasser kräftig schwaden. Die Temperatur auf 210 °C reduzieren und das Brot in 50 Minuten abbacken.

**Arbeitszeit: 5 Minuten**
**Reifezeit: 10 Minuten**
**Backzeit: 50 Minuten**

**11:30** Das fertige Brot aus dem Ofen nehmen, mit Wasser besprühen und abkühlen lassen.

# ROSINENBROT

*Weizenbrot*

**Dieses schön saftige Rosinenbrot schmeckt mit Butter und Honig bestrichen sowohl zum Frühstück als auch zum Nachmittagstee. Besonders Kinder können Sie damit begeistern. Wenn Sie mögen, können Sie den Teigling vor dem Backen mit Mandelstiften bestreuen oder diese zusätzlich schon vorher in den Teig einkneten.**

Für 1 Brot (Kastenform oder freigeschoben, Teigeinwaage ca. 950 g)
Teigtemperatur nach dem Kneten: 24 °C

VORTAG *Vorteig plus Quellstück herstellen*

**20:00** *Vorteig*

- 0,1 g Frischhefe
- 75 g leitungskaltes Wasser
- 75 g Weizenmehl Type 1050

Die Hefe im Wasser auflösen. Dann das Mehl zugeben und alles gut verrühren. Abgedeckt bei Raumtemperatur 10–16 Stunden reifen lassen.

**Arbeitszeit: 5 Minuten**
**Reifezeit: 10–16 Stunden**

*Quellstück*

- 115 g Rosinen
- 295 g kalte Milch

Inzwischen die Rosinen für 2–12 Stunden in der Milch einweichen. Bei einer Einweichzeit von 4 Stunden oder mehr sollte das Quellstück im Kühlschrank gelagert werden. Die Rosinen vor der Weiterverwendung abseihen und die Milch dabei auffangen.

BACKTAG

**8:00** *Hauptteig herstellen plus Stockgare*

- 200 g kalte Rosinenmilch vom Quellstück
- 20 g Eigelb (1 Eigelb)
- reifer Vorteig
- 360 g Weizenmehl Type 550
- 10 g Zucker
- 7 g Frischhefe
- 8 g Salz

*Später zugeben*

- 50 g Butter
- 150 g Rosinenquellstück

Nach der Reifezeit des Vorteigs die Zutaten für den Hauptteig außer der Butter und dem Quellstück in die Knet-/Küchenmaschine geben. (Sollte die abgeseihte Rosinenmilch nicht 200 g ergeben, mit frischer Milch auffüllen.) Erst alles 6 Minuten langsam, dann 3–4 Minuten schnell verkneten. Die Butter gegen Ende des Knetens stückchenweise zugeben und bei schneller Geschwindigkeit unterkneten, bis ein glatter, leicht glänzender Teig entsteht. Zum Schluss das Rosinenquellstück auf langsamer Knetstufe vorsichtig unterkneten. Den Teig nun abgedeckt bei Raumtemperatur 60 Minuten reifen lassen.

**Arbeitszeit: 15 Minuten**
**Reifezeit: 60 Minuten**

BACKTAG

9:15 *Teigling formen plus Stückgare*

Nach der Stockgare den Teig auf die bemehlte Arbeitsfläche geben. Zunächst rund vorformen, dann sofort lang stoßen. Eine Kastenform fetten und den Teig mit dem Schluss nach unten hineinlegen. Das Brot kann aber auch freigeschoben gebacken werden. Den Teigling abgedeckt bei Raumtemperatur 70–80 Minuten reifen lassen.

**Arbeitszeit: 10 Minuten**
**Reifezeit: 70–80 Minuten**

10:10 *Ofen vorheizen*

30–40 Minuten vor dem Backen den Backofen (mit Backstein) auf 220 °C (Ober-/Unterhitze) vorheizen.

10:45 *Einschießen*

Das gereifte Brot mit Wasser abstreichen, in den Ofen einschießen und mit 60 g Wasser schwaden. Die Temperatur auf 200 °C reduzieren und das Brot in 40–45 Minuten abbacken.

**Arbeitszeit: 5 Minuten**
**Backzeit: 40–45 Minuten**

11:30 Das fertige Brot aus dem Ofen nehmen, mit Wasser abstreichen und abkühlen lassen.

# HERDSTUTEN SOESTER ART

*Weizenmischbrot 90/10*

# WEISSBROTSTANGEN

*Weizenbrot 95/5*

# HERDSTUTEN SOESTER ART

## *Weizenmischbrot 90/10*

Dieses Brot ähnelt dem in meiner Münsterländer Heimat verbreiteten Münsterländer Bauernstuten, enthält aber einen geringeren Roggenanteil. Sein milder Geschmack und seine weiche Krume machen es zu einem beliebten Alltagsbrot für Groß und Klein. Soester Bäckereien führen dieses traditionelle Brot noch heute in ihrem Sortiment.

Für 1 Brot (Gärkörbchen oder Holzbackform, Teigeinwaage ca. 900 g)
Teigtemperatur nach dem Kneten: 24 °C

VORTAG *Vorteig herstellen plus Sauerteig ansetzen*

**19:00** *Vorteig*

- 0,1 g Frischhefe (reiskorngroßes Stück)
- 100 g Wasser
- 100 g Weizenmehl Type 1050

Die Hefe im Wasser auflösen. Dann das Mehl zugeben und alles gut verrühren. Abgedeckt bei Raumtemperatur 10–14 Stunden reifen lassen.

*Sauerteig (Einstufenführung)*

- 35 g warmes Wasser (45 °C)
- 35 g Roggenmehl Type 1150
- 3 g Sauerteiganstellgut

Außerdem die Zutaten für den Sauerteig gut verrühren und zeitgleich abgedeckt bei Raumtemperatur 10–14 Stunden reifen lassen.

**Arbeitszeit: 10 Minuten**
**Reifezeit: 10–14 Stunden**

BACKTAG

**7:00** *Hauptteig herstellen plus Stockgare*

- 60 g kühles Wasser (10–12 °C)
- 160 g kalte Vollmilch (5–7 °C)
- reifer Vorteig
- reifer Sauerteig
- 130 g Weizenmehl Type 550
- 230 g Weizenmehl Type 1050
- 15 g Roggenmehl Type 1150
- 10 g Rohrzucker
- 15 g Butter oder Schmalz
- 10 g Salz
- 6 g Frischhefe

Nach der Reifezeit der Vorteige die Zutaten für den Hauptteig in die Knet-/Küchenmaschine geben. Erst alles 4 Minuten langsam, danach 4–5 Minuten auf nächsthöherer Knetstufe verkneten, bis der Teig glatt ist und sich von der Schüsselwand löst. Dann abgedeckt bei Raumtemperatur 60 Minuten ruhen lassen.

**Arbeitszeit: 10 Minuten**
**Reifezeit: 60 Minuten**

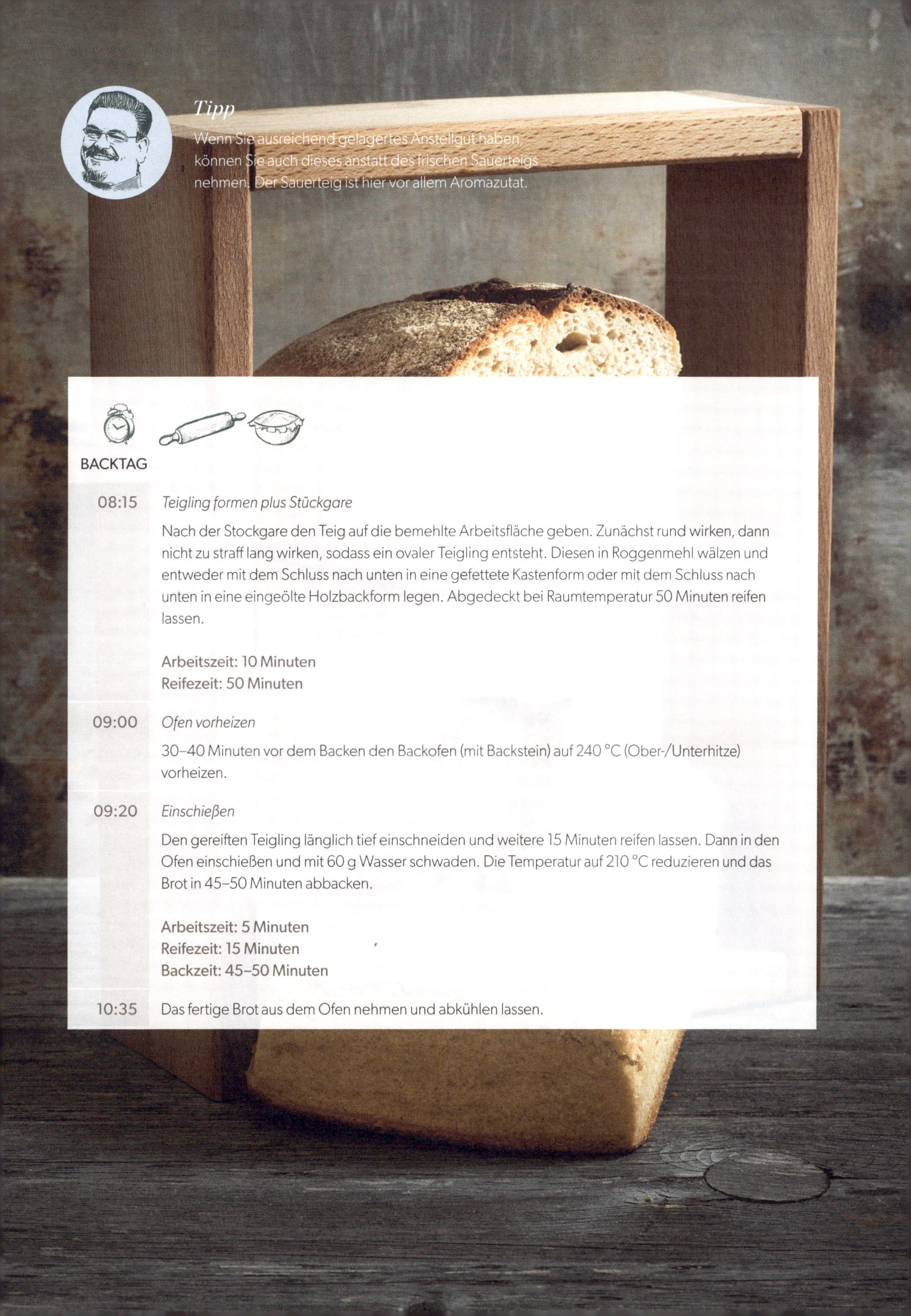

### *Tipp*

Wenn Sie ausreichend gelagertes Anstellgut haben, können Sie auch dieses anstatt des frischen Sauerteigs nehmen. Der Sauerteig ist hier vor allem Aromazutat.

BACKTAG

**08:15** *Teigling formen plus Stückgare*

Nach der Stockgare den Teig auf die bemehlte Arbeitsfläche geben. Zunächst rund wirken, dann nicht zu straff lang wirken, sodass ein ovaler Teigling entsteht. Diesen in Roggenmehl wälzen und entweder mit dem Schluss nach unten in eine gefettete Kastenform oder mit dem Schluss nach unten in eine eingeölte Holzbackform legen. Abgedeckt bei Raumtemperatur 50 Minuten reifen lassen.

**Arbeitszeit: 10 Minuten**
**Reifezeit: 50 Minuten**

**09:00** *Ofen vorheizen*

30–40 Minuten vor dem Backen den Backofen (mit Backstein) auf 240 °C (Ober-/Unterhitze) vorheizen.

**09:20** *Einschießen*

Den gereiften Teigling länglich tief einschneiden und weitere 15 Minuten reifen lassen. Dann in den Ofen einschießen und mit 60 g Wasser schwaden. Die Temperatur auf 210 °C reduzieren und das Brot in 45–50 Minuten abbacken.

**Arbeitszeit: 5 Minuten**
**Reifezeit: 15 Minuten**
**Backzeit: 45–50 Minuten**

**10:35** Das fertige Brot aus dem Ofen nehmen und abkühlen lassen.

# WEISSBROTSTANGEN

## *Weizenbrot 95/5*

Was gibt es Schöneres, als an einem Sommerabend mit Freunden oder der Familie gemeinsam zu grillen! Dazu wird in der Regel helles und leichtes Brot gereicht – so wie dieses aromatische Stangenweißbrot. Durch den Zusatz von Schmalz geht es besonders luftig auf und lässt sich wunderbar auf dem Grill rösten.

Für 2 Brote (im Leinentuch gereift, Teigeinwaage pro Brot ca. 600 g)
Teigtemperatur nach dem Kneten: 24 °C

VORTAG

**20:00** *Vorteig herstellen*

- 0,2 g Frischhefe (reiskorngroßes Stück)
- 115 g kühles Wasser (10–12 °C)
- 145 g Weizenmehl Type 550

Die Hefe im Wasser auflösen. Dann das Mehl zugeben und alles gut verrühren. Abgedeckt bei Raumtemperatur 10–16 Stunden reifen lassen.

**Arbeitszeit: 5 Minuten**
**Reifezeit: 10–16 Stunden**

BACKTAG

**8:00** *Hauptteig herstellen plus Stockgare*

- 340 g kühles Wasser (10–12 °C)
- reifer Vorteig
- 540 g Weizenmehl Type 550
- 35 g Roggenmehl Type 1150
- 16 g Salz
- 15 g Schweine- oder Butterschmalz
- 7 g Frischhefe
- Oliven o. Ä. (siehe Tipp; optional)

Nach der Reifezeit des Vorteigs die Zutaten für den Hauptteig in die Knet-/Küchenmaschine geben. Zunächst alles 5–6 Minuten langsam, dann 2–3 Minuten schnell verkneten, bis der Teig glatt ist und sich von der Schüsselwand löst. Zuletzt optional Oliven oder ähnliche Zutaten (siehe oben) auf langsamer Knetstufe unterkneten. Den Teig nun abgedeckt bei Raumtemperatur 60 Minuten ruhen lassen.

**Arbeitszeit: 10–15 Minuten**
**Reifezeit: 60 Minuten**

### *Tipp*

Wer es würziger mag, kann dem Teig beispielsweise 100 g abgetropfte und halbierte Oliven oder die gleiche Menge gewürfelte Trockentomaten zufügen. Alternativ schmecken auch 100 g geröstete Saaten im Teig sehr lecker.

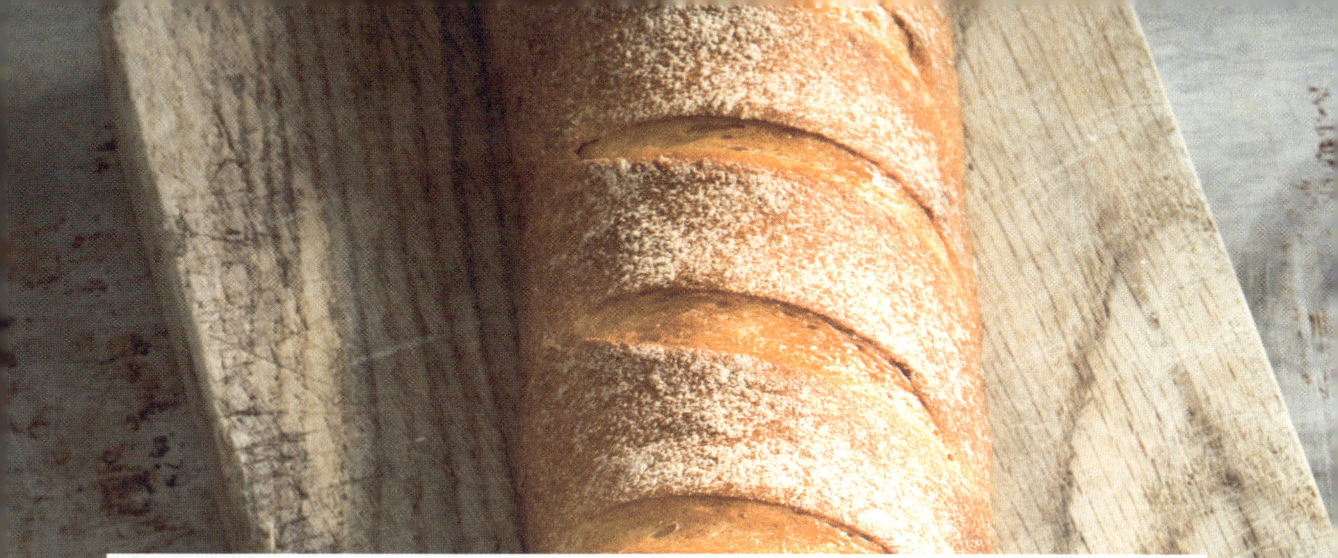

BACKTAG

9:15 *Teigling formen plus Stückgare*

Nach der Stockgare den Teig auf die bemehlte Arbeitsfläche geben und in zwei gleich große Stücke von etwa 600 g teilen. Die Teigstücke locker rund wirken und auf der Arbeitsfläche mit dem Schluss nach unten 10 Minuten ruhen lassen.

Nach der Teigruhe wenden und straff zu Brotstangen von etwa 30–35 cm Länge lang wirken. Die zwei Teiglinge mit dem Schluss nach oben in ein bemehltes Leinentuch legen, zwischen den beiden das Tuch etwas hochziehen. Die Teiglinge mit überstehendem Leinentuch abdecken und 60–70 Minuten reifen lassen; sie sollten dabei ihr Volumen etwa verdoppeln.

**Arbeitszeit: 10 Minuten**
**Reifezeit: 10 + 60–70 Minuten**

10:15 *Ofen vorheizen*

30–40 Minuten vor dem Backen den Backofen (mit Backstein) auf 240 °C (Heißluft/Umluft) vorheizen.

10:45 *Einschießen*

Die gereiften Teiglinge auf den Einschießer wenden. Etwas Weizenmehl darübersieben und die Stangen mehrfach schräg einschneiden. In den Ofen einschießen, mit 70 g Wasser gut schwaden und bei konstant 240 °C in etwa 25 Minuten dunkelbraun abbacken.

**Arbeitszeit: 5 Minuten**
**Backzeit: 25 Minuten**

11:15 Die fertigen Brote aus dem Ofen nehmen, mit einem Wassernebel besprühen und abkühlen lassen.

# Weizenbrot

Dieses Festtagsbrot wird der deutsch-jüdischen Tradition nach ausschließlich an Tagen wie dem Schabbat verzehrt und spielt bei der klassischen Schabbatmahlzeit eine wichtige rituelle Rolle. Die Zutaten sind durch das Ritualgesetz auf helles Weizenmehl, Wasser, Salz, Hefe und Backmalz beschränkt. Im Gegensatz zur Challah wird auf ein stärkeres Süßen des Teigs, auf Ei und eine höhere Fettzugabe verzichtet. In diesem Rezept sorgt gekochte Kartoffel für einen besonders saftigen Teig, abgerundet wird das Brot durch seine feine Mohnkruste.

Für 1 Zopfbrot (auf dem Blech gebacken, Teigeinwaage ca. 1020 g)
Teigtemperatur nach dem Kneten: 24 °C

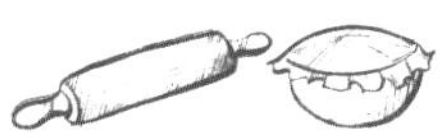

VORTAG

**20:00** *Sauerteig ansetzen (Einstufenführung)*

- 7 g Sauerteiganstellgut
- 35 g Wasser
- 70 g Weizenmehl Type 1050

Das Anstellgut im Wasser auflösen. Dann das Mehl zugeben und alles zu einer Teigkugel verkneten. Diese abgedeckt bei Raumtemperatur 12 Stunden reifen lassen.

Arbeitszeit: 5 Minuten
Reifezeit: 12 Stunden

BACKTAG

**08:00** *Hauptteig herstellen plus Stockgare*

- 240 g Wasser
- reifer Sauerteig
- 450 g Weizenmehl Type 550
- 70 g Weizenmehl Type 1050
- 100 g Kartoffeln, gekocht und zerdrückt
- 14 g Salz
- 10 g Zucker
- 10 g neutrales Pflanzenöl
- 6 g Frischhefe

*Weitere Zutaten*

- Mohn zum Bestreuen

Nach der Reifezeit des Sauerteigs die Zutaten für den Hauptteig in die Knet-/Küchenmaschine geben und so lange verkneten, bis der Teig glatt ist und sich von der Schüsselwand löst; das dauert je nach Maschine bis zu 10 Minuten. Den Teig dann abgedeckt bei Raumtemperatur 60 Minuten reifen lassen.

Arbeitszeit: 15 Minuten
Reifezeit: 60 Minuten

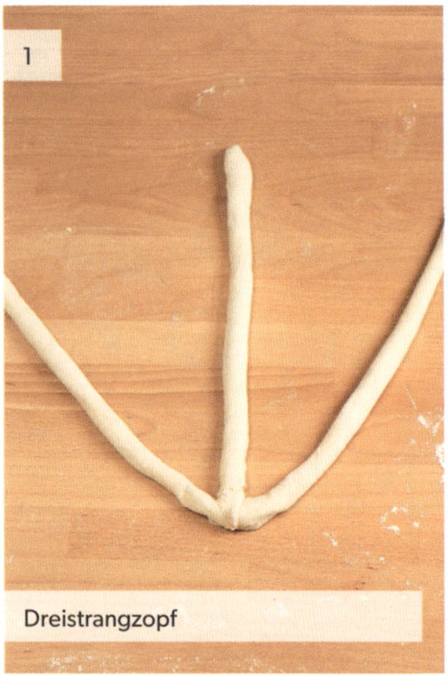


Dreistrangzopf

Vierstrangzopf

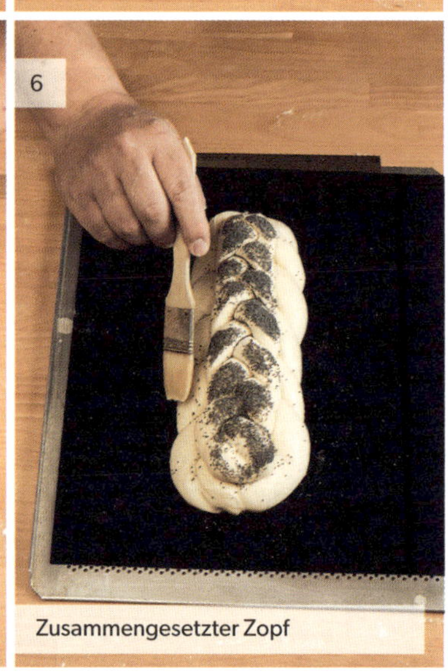


Zusammengesetzter Zopf

BACKTAG

| | |
|---|---|
| **09:15** | *Teigling formen plus Stückgare*<br>Nach der Stockgare den Teig in vier Stücke von etwa 175 g und drei Stücke von etwa 95 g teilen. Die Stücke jeweils zu Strängen formen und daraus einen flachen Vierstrangzopf und einen Dreistrangzopf flechten, die etwa gleich lang sind. Den Vierstrangzopf auf ein Backblech legen. Den Dreistrangzopf mit einem Pinsel befeuchten und mit Mohn bestreuen. Dann auf den Vierstrangzopf legen. Die frei liegenden Teile des Vierstrangzopfes ebenfalls mit einem Pinsel befeuchten und mit Mohn bestreuen. Den Teigling abgedeckt bei Raumtemperatur 60–75 Minuten reifen lassen.<br><br>**Arbeitszeit: 15 Minuten**<br>**Reifezeit: 60–75 Minuten** |
| **10:00** | *Ofen vorheizen*<br>30–40 Minuten vor dem Backen den Backofen (mit Backstein) auf 230 °C (Ober-/Unterhitze) vorheizen. |
| **10:30** | *Einschießen*<br>Den reifen Zopf mit in den Ofen einschießen, mit 70 g Wasser schwaden und die Temperatur auf 210 °C reduzieren. Den Zopf in 35–45 Minuten abbacken.<br><br>**Arbeitszeit: 5 Minuten**<br>**Backzeit: 35–45 Minuten** |
| **11:20** | Den fertigen Zopf aus dem Ofen nehmen und abkühlen lassen. |

# MORESNETER BROT

*Weizenmischbrot 90/10 mit Schrotanteil*

# SCHWÄBISCHES ALBBROT

*Weizenmischbrot 70/30*

# MORESNETER BROT

## *Weizenmischbrot 90/10 mit Schrotanteil*

Moresnet ist ein kleines Örtchen in Belgien, das ganz Nahe der deutschen Grenze liegt. Es gehörte bis zu Beginn des 20. Jahrhunderts (seit dem Wiener Kongress 1815) teilweise zu Deutschland, wurde nach dem Ersten Weltkrieg aber Belgien zugeordnet. An einem Teilstück des Jakobsweges gelegen ist der dortige Kalvarienberg Ziel vieler Pilger. In Aachen gibt es bis heute die Tradition einer Mittwochswanderung über den Höhenzug nach Moresnet. In einem Bericht darüber ist zu lesen, dass sich die Aachener Wanderer in den 1960er-Jahren aus Moresnet ein helles Brot, das »außen knusprig, aber innen wunderbar weich und locker war«, mitbrachten. Ob es sich um dieses Brot handelte, ist nicht mehr feststellbar, aber die Beschreibung trifft sehr gut darauf zu.

Für 1 Brot (rundes Gärkörbchen, Teigeinwaage ca. 1070 g)
Teigtemperatur nach dem Kneten: 24 °C

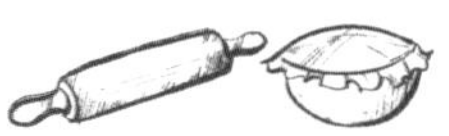

VORTAG *Sauerteig ansetzen (Einstufenführung) plus Quellstück herstellen*

**20:00** *Sauerteig*

- 5 g Sauerteiganstellgut
- 50 g warmes Wasser (45 °C)
- 65 g Roggenmehl Type 1150

Die Zutaten gut verrühren und abgedeckt bei Raumtemperatur 12–16 Stunden reifen lassen.

*Quellstück*

- 85 g grobes Weizenschrot
- 85 g Wasser
- 13 g Salz

Außerdem die Zutaten für das Quellstück vermischen und zeitgleich abgedeckt 12 Stunden quellen lassen.

Arbeitszeit: 10 Minuten
Reifezeit: 12–16 Stunden

BACKTAG

**08:00** *Hauptteig herstellen plus Stockgare*

- 285 g kaltes Wasser
- reifer Sauerteig
- vorbereitetes Quellstück
- 30 g Roggenmehl Type 1150
- 460 g Weizenmehl Type 550
- 6 g Frischhefe

Nach der Reifezeit des Sauerteigs die Zutaten für den Hauptteig in die Knet-/Küchenmaschine geben. Zunächst alles 3–4 Minuten langsam, dann 4–5 Minuten schnell verkneten, bis sich der Teig von der Schüsselwand löst. Dann abgedeckt bei Raumtemperatur 60 Minuten reifen lassen.

Arbeitszeit: 15 Minuten
Reifezeit: 60 Minuten

BACKTAG

09:15 Nach der Stockgare den Teig auf die bemehlte Arbeitsfläche geben. Zunächst straff rund wirken, danach den Teigling mit dem Schluss nach unten in ein bemehltes Gärkörbchen legen und abgedeckt bei Raumtemperatur 30 Minuten reifen lassen.

Danach auf den Einschießer stürzen und etwas nachbemehlen. Mit der Spitze eines dicken Rollholzes oder mit dem Daumen einmal in der Mitte des Teiglings eine tiefe Mulde bis zum Boden drücken. Den Teigling auf den Einschießer setzen, abdecken und erneut etwa 45 Minuten, bis fast zur Vollreife, gehen lassen.

**Arbeitszeit: 10 Minuten**
**Reifezeit: 30 + 45 Minuten**

10:00 *Ofen vorheizen*

Während der zweiten Stückreife den Backofen (mit Backstein) auf 250 °C (Ober-/Unterhitze) vorheizen.

10:40 *Einschießen*

Den gereiften Teigling in den Ofen einschießen und mit 60 g Wasser schwaden. Die Temperatur auf 210 °C reduzieren und das Brot in etwa 50 Minuten abbacken.

Gegen Ende der Backzeit mehrfach die Ofentür öffnen, damit die Kruste besonders knusprig wird.

**Arbeitszeit: 5 Minuten**
**Backzeit: 50 Minuten**

11:30 Das fertige Brot aus dem Ofen nehmen, mit einem feinen Wassernebel besprühen und abkühlen lassen.

# SCHWÄBISCHES ALBBROT

## *Weizenmischbrot 70/30*

Dieses große und aromatische Bauernbrot ist nach der Schwäbischen Alb benannt. Im Südwesten Deutschlands sind traditionell Weizen- und Weizenmischbrote beliebter als in anderen Gegenden. Auf der Alb hatte ich vor Jahren ein eindrucksvolles Backerlebnis: Brotbacken mit Holzofenbäcker Günther Weber in Zwiefalten. Eines seiner liebsten Brote ist das Bauernbrot: grundehrlich, bodenständig und ohne »Schnickschnack«. Ein Brot für alle Tage, das eine Hommage an den Bäcker in diesem Buch wert ist.

1 Brot (Gärkörbchen, Teigeinwaage 1080 g)
Teigtemperatur nach dem Kneten: 24 °C

VORTAG *Vorteig herstellen plus Sauerteig ansetzen (Einstufenführung)*

**20:00** *Vorteig*

- 65 g Wasser
- 65 g Weizenmehl Type 1050 oder 812
- 0,1 g Frischhefe (reiskorngroßes Stück)

Die Zutaten gut verrühren und abgedeckt bei Raumtemperatur 10–14 Stunden reifen lassen.

*Sauerteig*

- 90 g warmes Wasser (45 °C)
- 110 g Roggenmehl Type 1150
- 10 g Sauerteiganstellgut

Außerdem die Zutaten für den Sauerteig gut verrühren und zeitgleich abgedeckt bei Raumtemperatur 10–14 Stunden reifen lassen.

**Arbeitszeit: 10 Minuten**
**Reifezeit: 10–14 Stunden**

BACKTAG

**8:00** *Hauptteig herstellen plus Stockgare*

- 265 g Wasser
- reifer Vorteig
- reifer Sauerteig
- 375 g Weizenmehl Type 1050 oder 812
- 80 g Roggenmehl Type 1150
- 14 g Salz
- 6 g Frischhefe

Nach der Reifezeit der Vorteige die Zutaten für den Hauptteig in die Knet-/Küchenmaschine geben. Zunächst alles 4 Minuten langsam, dann 4–6 Minuten auf nächsthöherer Stufe verkneten, bis der Teig glatt ist und sich von der Schüsselwand löst. Den Teig nun abgedeckt bei Raumtemperatur 60 Minuten ruhen lassen.

**Arbeitszeit: 10–15 Minuten**
**Reifezeit: 60 Minuten**

BACKTAG

**09:15** *Teigling formen plus Stückgare*

Den Teig nach der Stockgare auf die bemehlte Arbeitsfläche geben und zunächst locker rund, dann straff lang wirken. Zuletzt die Oberfläche bemehlen und den Teigling mit dem Schluss nach oben in ein bemehltes Gärkörbchen legen. Abgedeckt bei Raumtemperatur 60–70 Minuten reifen lassen.

**Arbeitszeit: 5 Minuten**
**Reifezeit: 60–70 Minuten**

**10:00** *Ofen vorheizen*

30–40 Minuten vor dem Backen den Backofen (mit Backstein) auf 240 °C (Ober-/Unterhitze) vorheizen.

**10:30** *Einschießen*

Den gereiften Teigling auf den Einschießer wenden und einmal längs tief einschneiden. In den Ofen einschießen und mit 50 g Wasser schwaden. Die Temperatur auf 210 °C reduzieren und das Brot in 50–55 Minuten abbacken.

**Arbeitszeit: 5 Minuten**
**Backzeit: 50–55 Minuten**

**11:20** Das fertige Brot aus dem Ofen nehmen und abkühlen lassen.

# *Weizenmischbrot 85/15*

**Bei diesem Traditionsbrot wird eine in Norddeutschland verbreitete Art des »Aufmachens« oder Wirkens angewandt: Beim Formen wird in den Teigschluss eine Schmalz-Zimt-Masse eingearbeitet. Durch die Verbindung von leichtem Zimtgeschmack und rustikal aufgerissener Brotkruste entsteht ein delikates Feinbrot typisch holsteinischer Art.**

Für 1 Brot (rundes Gärkörbchen, Teigeinwaage ca. 1050 g)
Teigtemperatur nach dem Kneten: 24 °C

VORTAG *Sauerteig ansetzen (Einstufenführung) plus Vorteig herstellen*

**20:00** *Sauerteig*

- 50 g warmes Wasser (45 °C)
- 60 g Roggenmehl Type 1150
- 3 g Sauerteiganstellgut

Die Zutaten gut verrühren und abgedeckt bei Raumtemperatur 12–16 Stunden reifen lassen.

*Vorteig*

- 1 g Frischhefe
- 65 g Wasser
- 125 g Weizenmehl Type 550

Außerdem die Hefe im Wasser auflösen. Dann das Mehl zugeben und alles zu einer Teigkugel verkneten. Diese zeitgleich abgedeckt bei Raumtemperatur 10–16 Stunden reifen lassen.

**Arbeitszeit: 10 Minuten**
**Reifezeit: 10–16 Stunden**

BACKTAG

**8:00** *Hauptteig herstellen plus Stockgare*

- 55 g Wasser
- 225 g Vollmilch
- reifer Sauerteig
- reifer Vorteig
- 30 g Roggenmehl Type 1150
- 395 g Weizenmehl Type 550
- 12 g Butter oder Schmalz
- 12 g Zucker
- 13 g Salz
- 6 g Frischhefe

*Weitere Zutaten*

- 40 g halbweiche Butter oder Schmalz
- 3 g Zimtpulver
- Paniermehl für den Teigschluss

Nach der Reifezeit der Vorteige die Zutaten für den Hauptteig in die Knet-/Küchenmaschine geben. Zunächst alles 4 Minuten langsam, dann 3–4 Minuten auf nächsthöherer Stufe zu einem glatten Teig verkneten. Diesen abgedeckt bei Raumtemperatur 60 Minuten ruhen lassen.

**Arbeitszeit: 15 Minuten**
**Reifezeit: 60–75 Minuten**

1
2
3
4

BACKTAG

**9:15** *Teigling formen plus Stückgare*

Kurz vor dem Teigwirken die halbweiche Butter oder das Schmalz (40 g) mit dem Zimtpulver (3 g) auf der Arbeitsfläche vermischen.

Den Teig nach der Stockgare auf die bemehlte Arbeitsfläche geben und so rund wirken, dass ein relativ offener Schluss entsteht (siehe Bild 1). Die Butter-/Schmalz-Zimtmasse auf etwa 10 x 10 cm der Arbeitsfläche streichen. Den Teigling mit dem Schluss nach unten mit beiden Händen auf der Butter-/Schmalz-Fläche hin- und her schieben, damit sich das Fett in den Schluss einwirkt (siehe Bild 3–4). Dann den im Fett gewirkten Schluss in Paniermehl drücken. Den Teigling mit dem Schluss nach unten in ein Gärkörbchen legen und abgedeckt bei Raumtemperatur 60–70 Minuten reifen lassen.

**Arbeitszeit: 10 Minuten**
**Reifezeit: 60–70 Minuten**

**10:00** *Ofen vorheizen*

30–40 Minuten vor dem Backen den Backofen (mit Backstein) auf 240 °C (Ober-/Unterhitze) vorheizen.

**10:30** *Einschießen*

Den gereiften Teigling auf den Einschießer wenden und sofort ohne Einschneiden in den Ofen einschießen. Mit 60 g Wasser schwaden. Die Temperatur auf 210 °C abfallen lassen und das Brot in 40–45 Minuten abbacken.

**Arbeitszeit: 5 Minuten**
**Backzeit: 40–45 Minuten**

**11:15** Das fertige Brot aus dem Ofen nehmen und abkühlen lassen.

# *Weizenbrot*

Mutschel ist ein typisch schwäbisches, sternförmig verziertes »Gebildbrot«, das es aufgrund der aufwendigen Herstellung in früheren Zeiten vor allem an Festtagen gab. Es ist auch unter dem Namen Mitschel oder Mütschel bekannt. Ihm eigen ist ein besonders schön buttriger Geschmack, eine »mürbe« Krume sowie eine glänzende Kruste. Noch heute kennt man in der Gegend den »Mutscheltag«. Am dem Dreikönigstag folgenden Donnerstag treffen sich die Menschen zum Würfelspiel, um eine Mutschel zu gewinnen.

Für 1 Brot (auf dem Blech gebacken, Teigeinwaage ca. 1015 g)
Teigtemperatur nach dem Kneten: 24 °C

VORTAG

**20:00** *Sauerteig ansetzen (Einstufenführung)*

- 6 g Sauerteiganstellgut
- 60 g Wasser
- 60 g Weizenmehl Type 550

Die Zutaten gut verrühren und abgedeckt bei Raumtemperatur 12–16 Stunden reifen lassen.

Arbeitszeit: 5 Minuten
Reifezeit: 12–16 Stunden

BACKTAG

**8:00** *Hauptteig herstellen plus Stockgare*

- 230 g Vollmilch
- 60 g Eiweiß (von 2 Eiern)
- reifer Sauerteig
- 490 g Weizenmehl Type 550
- 7 g Frischhefe
- 20 g Zucker
- 12 g Salz
- 70 g Butter

*Weitere Zutaten*

- 1 Ei, verquirlt, zum Bestreichen

Nach der Reifezeit des Sauerteigs die Zutaten für den Hauptteig außer der Butter in die Knet-/Küchenmaschine geben. Auf langsamer Knetstufe so lange kneten, bis ein glatter Teig entsteht. Dann die Butter stückweise in den Teig einkneten. Wenn sie vollständig eingeknetet ist, den Teig abgedeckt bei Raumtemperatur 90 Minuten reifen lassen.

Arbeitszeit: 10 Minuten
Reifezeit: 90 Minuten

1

2

3

4

5

6

## BACKTAG

**09:45** *Teigling formen plus Stückgare*

Nach der Stockgare den Teig auf die bemehlte Arbeitsfläche geben und in ein großes Stück von etwa 760 g und vier kleine Stücke von je etwa 60 g teilen. Das große Stück straff rund wirken und auf ein Backblech mit Backpapier legen. Drei der 60-g-Stücke zu etwa 40 cm langen Strängen ausrollen und zu einem Dreistrangzopf flechten. Das große, rund gewirkte Teigstück mit dem scharfen Messer rautenförmig viermal tief einschneiden, aber nicht durchschneiden. Die entstehenden acht Teigspitzen sternförmig nach außen abklappen, das Mittelstück bleibt stehen. Den Dreistrangzopf kreisförmig um das Mittelstück herumlegen, um es zu stützen. Das geformte Brot auf ein Backpapier legen und gut abgedeckt bei Raumtemperatur 70–80 Minuten reifen lassen.

Aus dem letzten 60-g-Stück neun Teigstücke von 7–8 g abteilen. Mit diesen Strängen die Dekoration formen, zum Beispiel kleine Schnecken, Brezeln oder Kringel. Diese bis zur Verwendung im Gefrierschrank anfrieren lassen, damit sie nicht reifen und ihre Form behalten.

**Arbeitszeit: 10–15 Minuten**
**Reifezeit: 70–80 Minuten**

**10:45** *Ofen vorheizen*

30–40 Minuten vor dem Backen den Backofen (mit Backstein) auf 230 °C (Ober-/Unterhitze) vorheizen.

**11:15** *Einschießen*

Wenn das Brot reif zum Backen ist, die Verzierungen aus dem Gefrierschrank nehmen und je eine auf die acht Sternspitzen legen. Die neunte Verzierung kommt oben auf das Mittelstück. Das ganze Brot noch mal mit Eistreiche abstreichen, dann einschießen. Die Temperatur auf 200 °C reduzieren und das Brot in etwa 40–45 Minuten goldbraun abbacken.

**Arbeitszeit: 5 Minuten**
**Backzeit: 40–45 Minuten**

**12:00** Das fertige Brot aus dem Ofen nehmen, nach Belieben für einen schönen Glanz mit einem Wassernebel besprühen und abkühlen lassen.

# FRIEDRICHSDORFER ZWIEBACK

*Weizenbrot*

# MAKRONENZWIEBACK

*Weizenbrot*

# FRIEDRICHSDORFER ZWIEBACK

## *Exkurs: Zwieback*

Zwieback in den unterschiedlichsten Formen gibt es schon seit der Antike. Die Römer nannten ihn »bis coctus panis« was »zweimal gebackenes Brot« bedeutet. Im italienischen Wort »biscotto« lebt dieser Wortursprung noch heute weiter. Wichtigster Grund, ein Brot durch zweimaliges Backen zu trocknen, war die Haltbarmachung. Das getrocknete Brot hielt sich, richtig gelagert, wochen- bis monatelang und konnte so beispielsweise als Nahrungsmittel auf Reisen mitgenommen werden.

Heute wird Zwieback leider fast nur noch industriell hergestellt. Das war in den 1920er-Jahren noch anders. In dem schon erwähnten Rezeptbuch des Duisburger Bäckers Georg Schöllgen finden sich nicht weniger als 13 unterschiedliche Zwiebackrezepte, und Schöllgen empfahl seinen Kollegen wärmstens die Herstellung von Zwiebackprodukten: *»Wer es versteht und es sich angelegen sein lässt, neben Kosum- auch einen anderen besseren Zwieback herzustellen, wird seine Mühe von Erfolg gekrönt sehen.«* (Schöllgen, 1920)

Einer der bekanntesten Zwiebäcke dieser Zeit war der sogenannte Friedrichsdorfer Zwieback, der aus dem gleichnamigen Ort bei Bad Homburg vor der Höhe stammt. Ein dort ansässiger Bäcker hatte der Überlieferung nach Zwieback Ende des 18. Jahrhunderts aus den Niederlanden eingeführt. In den folgenden Jahrzehnten gelang es den Friedrichsdorfer Produzenten, mit der Zwiebackbäckerei zu Weltruhm zu gelangen. Es heißt, dass in heiße Schokolade getauchter Friedrichsdorfer Zwieback eine Leibspeise Johann Wolfgang von Goethes gewesen ist.

Seinen Niedergang erlebte die Zwiebackbäckerei erst nach dem zweiten Weltkrieg, als die zunehmend satter werdende Gesellschaft diese Brotsorte nurmehr als reine Kinder- und Krankenspeise betrachtete.

### *Tipp*

Sie können den Zwieback verfeinern, indem Sie zum Hauptteig 2 g gemahlene Anissamen zugeben. Nach dem Backen, Auskühlen und Schneiden bestreuen Sie die Scheiben mit braunem Zucker oder Farinzucker und lassen ihn etwa 10–15 Minuten anziehen. Dann die Scheiben rösten wie beschrieben.

**BACKTAG** Für 1 Brot (1-kg-Kastenform, Teigeinwaage ca. 815 g), Teigtemperatur nach dem Kneten: 24 °C

**08:00** *Vorteig herstellen (Hefestück, Hefel)*

- 180 g zimmerwarme Vollmilch
- 180 g Weizenmehl Type 550
- 25 g Zucker
- 10 g Frischhefe

Die Zutaten miteinander verrühren und abgedeckt bei Raumtemperatur 45–60 Minuten reifen lassen.

**Arbeitszeit: 5 Minuten**
**Reifezeit: 45–60 Minuten**

**08:45** *Hauptteig herstellen plus Stockgare*

- 45 g zimmerwarme Vollmilch
- 50 g Ei (1 Ei Größe M)
- reifes Hefestück
- 225 g Weizenmehl Type 550
- 45 g Weizenstärke
- 25 g Zucker
- 30 g Butter
- 5 g Salz (optional)

Nach der Reifezeit des Vorteigs die Zutaten für den Hauptteig in die Knet-/Küchenmaschine geben. Zunächst alles 5–6 Minuten auf langsamer Knetstufe, danach 3–4 Minuten auf schneller zu einem gut ausgekneteten Teig verarbeiten. Diesen abgedeckt bei Raumtemperatur 60 Minuten ruhen lassen.

**Arbeitszeit: 15 Minuten**
**Reifezeit: 60 Minuten**

**10:00** *Teigling formen plus Stückgare*

Nach der Stockgare den Teig auf die bemehlte Arbeitsfläche geben und straff lang wirken. Eine Kastenform fetten, den Teig hineinlegen und gut abgedeckt (der Teig darf nicht verhauten) bei Raumtemperatur 70–80 Minuten reifen lassen, bis er fast Vollgare erreicht.

**Arbeitszeit: 10 Minuten | Reifezeit: 70–80 Minuten**

**10:50** *Ofen vorheizen (Vorbacken)*

30–40 Minuten vor dem Backen den Backofen (mit Backstein) auf 210 °C (Ober-/Unterhitze) vorheizen.

**11:20** *Einschießen (Vorbacken)*

Hat der Teigling die Gare erreicht, mit Wasser besprühen und in den Ofen einschießen. Mit 50 g Wasser schwaden, die Temperatur auf 180 °C reduzieren und das Brot in etwa 30–35 Minuten abbacken, die Kruste sollte dabei nicht zu stark bräunen. Das Brot nach dem Backen erneut mit Wasser besprühen und mindestens 1–2 Stunden gut auskühlen lassen. Nach 30 Minuten das Brot in eine Kunststofftüte legen, damit die Kruste wieder weich wrid.

**Arbeitszeit: 5 Minuten, Backzeit: 30–35 Minuten**

**16:00** *Ofen vorheizen (Fertigstellung)*

Den Backofen erneut auf 160 °C (Heißluft/Umluft) vorheizen

**16:20** *Einschießen (Fertigstellung)*

Das ausgekühlte Brot in etwa 1–1,5 cm dicke Scheiben schneiden. Diese auf einem Rost nebeneinander platzieren und im Ofen so lange rösten, bis sie eine braune Farbe angenommen haben und durchgetrocknet sind. Das Schneiden und Rösten kann flexibel gehandhabt werden, also auch schon etwas früher erfolgen oder erst am nächsten Morgen

**16:50** Den fertigen Zwieback aus dem Ofen nehmen und vor Feuchtigkeit geschützt lagern, so hält er am längsten.

# MAKRONENZWIEBACK

*Weizenbrot*

So wie Bäcker Schöllgen in seinem Rezeptbuch von 1920 empfiehlt, gibt noch ein zweites Zwiebackrezept, mit dem Sie einen noch hochwertigeren Zwieback backen. Es stellt eine Verfeinerung des Friedrichsdorfer Zwiebacks dar und wurde früher zu Kaffee und Tee gereicht und sehr geschätzt. Der nussig-süße Geschmack der Makronenmasse wird von unseren Kindern geliebt.

Für 1 Brot (Kastenform für 1 kg Teig, Teigeinwaage ca. 815 g)
Teigtemperatur nach dem Kneten: 24 °C

BACKTAG *Vorteig plus Makronenmasse herstellen*

**8:00** *Vorteig (Hefestück, Hefel)*

- 180 g zimmerwarme Milch
- 180 g Weizenmehl Type 550
- 25 g Zucker
- 10 g Frischhefe

Die Zutaten miteinander verrühren und abgedeckt bei Raumtemperatur 45–60 Minuten reifen lassen.

**Arbeitszeit: 5 Minuten**
**Reifezeit: 45–60 Minuten**

*Makronenmasse*

- 90 g Eiweiß (von 3 Eiern)
- 130 g Zucker
- 1 Prise Salz
- Abrieb von ½ Bio-Zitrone
- Mark von ½ Vanilleschote
- 225 g Marzipanrohmasse
- 15 g Weizenmehl Type 550

Für die Makronenmasse von Hand oder mit einem Mixer das Eiweiß, den Zucker, das Salz und die Gewürze unter die Marzipanrohmasse kneten. Sobald die Mischung klümpchenfrei ist, das Mehl einarbeiten. Die Masse abdecken, sie hält sich im Kühlschrank bis zu 24 Stunden.

**Arbeitszeit: 5 Minuten**
**Ruhezeit: bis zu 24 Stunden**

**08:45** *Hauptteig herstellen plus Stockgare*

- 20 g zimmerwarme Milch
- 50 g Ei (1 Ei Größe M)
- reifes Hefestück
- 225 g Weizenmehl Type 550
- 45 g gemahlene Haselnusskerne
- 25 g Zucker
- 50 g Butter
- 5 g Salz (optional)

Nach der Reifezeit des Vorteigs die Zutaten für den Hauptteig in die Knet-/Küchenmaschine geben. Zunächst alles 5–6 Minuten auf langsamer Knetstufe, dann 3–4 Minuten auf schneller Stufe zu einem gut ausgekneteten Teig verarbeiten. Diesen abgedeckt bei Raumtemperatur 60 Minuten ruhen lassen.

**Arbeitszeit: 5 Minuten**
**Reifezeit: 60 Minuten**

## BACKTAG

**10:00** *Teigling formen plus Stückgare*

Nach der Stockgare den Teig auf die bemehlte Arbeitsfläche geben und straff lang wirken. Eine Kastenform fetten, den Teig hineinlegen und gut abgedeckt (der Teig darf nicht verhauten) bei Raumtemperatur 70–80 Minuten reifen lassen, bis er fast Vollgare erreicht.

**Arbeitszeit: 10 Minuten**
**Reifezeit: 10 + 40–45 Minuten**

**10:50** *Ofen vorheizen (Vorbacken)*

30–40 Minuten vor dem Backen den Backofen (mit Backstein) auf 210 °C (Ober-/Unterhitze) vorheizen.

**11:20** *Einschießen (Vorbacken)*

Hat der Teigling die Gare erreicht, mit Wasser besprühen und in den Ofen einschießen. Mit 50 g Wasser schwaden, die Temperatur auf 180 °C reduzieren und das Brot in etwa 30–35 Minuten abbacken, die Kruste sollte dabei nicht zu stark bräunen.

**Arbeitszeit: 5 Minuten**
**Backzeit: 30–35 Minuten**

**12:00** Das Brot aus dem Ofen nehmen, erneut mit Wasser besprühen und am besten 24 Stunden ruhen lassen, dabei nach 1 Stunde das Brot in eine Kunststofftüte geben, damit die Kruste wieder weich wird. (Das Anschneiden geht auch schon nach 2–3 Stunden, dann kann die Krume aber noch etwas krümeln.)

## FOLGETAG

**08:00** *Ofen vorheizen (Fertigbacken)*

Den Backofen (mit Backstein) auf 150 °C (Heißluft/Umluft) vorheizen.

**08:15** *Einschießen (Fertigbacken)*

Das vollständig abgekühlte Brot in etwa 1–1,5 cm dicke Scheiben schneiden und diese auf einem Rost nebeneinanderplatzieren. Die Scheiben auf dem Rost im Ofen 15 Minuten anrösten. Anschließend herausnehmen und etwas abkühlen lassen.

**Arbeitszeit: 5 Minuten**
**Backzeit: 15 Minuten**

**09:10** Die Makronenmasse auf die etwas abgekühlten Scheiben streichen, dabei immer etwas Platz an den Scheibenrändern lassen, da die Masse später beim Rösten noch etwas in die Breite geht. Die Masse 30 Minuten antrocknen lassen. Dann die Scheiben im Ofen bei 150 °C in weiteren 20–30 Minuten fertig trocken rösten.

**09:40** Den fertigen Zwieback aus dem Ofen nehmen und vor Feuchtigkeit geschützt lagern, so hält er am längsten.

# VIERKORNBROT

*Weizenmischbrot 70/30 mit Hirse & Haferflocken*

# ELSÄSSER BAUERNBROT

*Weizenmischbrot 80/20*

# VIERKORNBROT

## *Weizenmischbrot 70/30 mit Hirse- & Haferflocken*

Kernige Mehrkornbrote wie dieses erfreuen sich schon seit vielen Jahrzehnten großer Beliebtheit. Sie vereinen den leckeren Geschmack eines Sauerteigbrotes mit den Aromen anderer Getreide und Saaten und sind in der Herstellung recht unkompliziert. Dieses Vierkornbrot profitiert insbesondere von seiner knackigen Kruste, die ein wahrer Leckerbissen ist.

Für 1 Brot (Gärkörbchen, Teigeinwaage ca. 1030 g)
Teigtemperatur nach dem Kneten: 24 °C

VORTAG *Sauerteig ansetzen (Einstufenführung) plus Brühstück herstellen*

**19:00** *Sauerteig*

- 80 g warmes Wasser (45 °C)
- 80 g Roggenmehl Type 1150
- 8 g Sauerteiganstellgut

Die Zutaten gut verrühren und abgedeckt bei Raumtemperatur 10–14 Stunden reifen lassen.

Arbeitszeit: 5 Minuten
Reifezeit: 10–14 Stunden

*Brühstück*

- 220 g heißes Wasser (80–90 °C)
- 65 g Roggenschrot
- 30 g Hirseflocken
- 30 g grobe Haferflocken
- 30 g Leinsamen
- 13 g Salz

Für das Brühstück das heiße Wasser über die restlichen Zutaten geben und alles sofort gut durchrühren. Die Mischung abgedeckt 2–12 Stunden stehen lassen.

Arbeitszeit: 5 Minuten
Reifezeit: 2–12 Stunden

BACKTAG

**7:00** *Hauptteig herstellen plus Stockgare*

- 125 g Wasser
- reifer Sauerteig
- vorbereitetes Brühstück
- 345 g Weizenmehl Type 550
- 5 g Frischhefe

Nach der Reifezeit des Sauerteigs die Zutaten für den Hauptteig in die Knet-/Küchenmaschine geben. Zunächst alles 5–7 Minuten langsam, dann 2–3 Minuten auf nächsthöherer Knetstufe verkneten, bis der Teig sich von der Schüsselwand löst. Dann abgedeckt in der Schüssel 60 Minuten ruhen lassen.

Arbeitszeit: 15 Minuten
Reifezeit: 60 Minuten

*Weitere Zutaten*

- Leinsamen und Haferflocken für die Kruste

BACKTAG

8:15 *Teigling formen plus Stückgare*

Nach der Stockgare den Teig auf die bemehlte Arbeitsfläche geben und straff rund oder lang wirken. Die Oberfläche des Teigs befeuchten und den Teigling in eine Mischung aus Leinsamen und Haferflocken drücken. Dann mit dem Schluss nach oben in ein Gärkörbchen legen und abgedeckt bei Raumtemperatur 60 Minuten reifen lassen.

**Arbeitszeit: 10 Minuten**
**Reifezeit: 60 Minuten**

9:00 *Ofen vorheizen*

30–40 Minuten vor dem Backen den Backofen (mit Backstein) auf 240 °C (Ober-/Unterhitze) vorheizen.

9:30 *Einschießen*

Den gereiften Teigling auf den Einschießer wenden, nach Belieben einschneiden und einschießen. Mit 50 g Wasser schwaden und die Temperatur auf 210 °C reduzieren. Das Brot in 50 Minuten abbacken, dabei darauf achten, dass die Leinsamen und Haferflocken auf der Kruste nicht zu dunkel werden.

**Arbeitszeit: 5 Minuten**
**Backzeit: 50 Minuten**

10:30 Das fertige Brot aus dem Ofen nehmen, mit Wasser besprühen und abkühlen lassen.

# ELSÄSSER BAUERNBROT

## *Weizenmischbrot 80/20*

Elsässer Bauernbrot ist eine in Baden bekannte Brotspezialität mit leicht französischen Anklängen, was sich insbesondere in der Formgebung als Bâtard ausdrückt. Traditionell wird es mit Roggensauerteig hergestellt. Für einen milderen Geschmack habe ich in diesem Rezept Weizensauerteig verwendet, eine etwas höhere Wasserzugabe sorgt für eine saftige, lockerere Krume. Das macht die Aufarbeitung etwas anspruchsvoller.

Für 1 Brot (im Leinentuch gereift, Teigeinwaage ca. 915 g)
Teigtemperatur nach dem Kneten: 24 °C

VORTAG

**20:00** *Sauerteig ansetzen (Einstufenführung)*

- 75 g warmes Wasser (45 °C)
- 75 g Weizenmehl Type 550
- 4 g Sauerteiganstellgut

Die Zutaten gut vermengen und bei 26–28 °C abgedeckt 8–12 Stunden reifen lassen. Bei Raumtemperatur verlängert sich die Reifezeit auf 12–16 Stunden.

Arbeitszeit: 5 Minuten
Reifezeit: 8–12 Stunden bzw. 12–16 Stunden

BACKTAG

**08:00** *Hauptteig herstellen plus Stockgare*

- 285 g kaltes Wasser
- reifer Sauerteig
- 355 g Weizenmehl Type 550
- 105 g Roggenmehl Type 1150 (alternativ Roggenmehl Type 815)
- 12 g Salz
- 5 g Frischhefe (optional; siehe Tipp)

Nach der Reifezeit des Sauerteigs die Zutaten für den Hauptteig in die Knet-/Küchenmaschine geben. Zunächst alles 6–7 Minuten langsam verkneten, dann auf der nächsthöheren Knetstufe auskneten, bis der Teig sich von der Schüsselwand löst. Den Teig in eine eingeölte Teigwanne geben und 2 Stunden reifen lassen, dabei nach 1 Stunde den Teig dehnen und falten.

Arbeitszeit: 15–20 Minuten
Reifezeit: 2 Stunden

### *Tipp*

Wer sich mit Weizensauerteig gut auskennt, kann dieses Rezept auch ohne Frischhefe herstellen, die Reife des Hauptteigs sollte dann bei 26–28 °C stattfinden und verdoppelt sich zeitlich.

## BACKTAG

**10:15** *Teigling formen plus Stückgare*

Nach der Stockgare den Teig auf die bemehlte Arbeitsfläche geben. Locker rund wirken und mit dem Schluss nach unten abgedeckt auf der Arbeitsfläche 15–20 Minuten ruhen lassen. Danach den Teigling wenden und zu einem länglichen Bâtard aufarbeiten. Mit dem Schluss nach oben in ein Leinentuch legen und den Überstand über den Teigling falten, sodass er seitlich gestützt ist. Dann 50 Minuten bei Raumtemperatur reifen lassen.

**Arbeitszeit: 10 Minuten**
**Reifezeit: 15–20 + 50 Minuten**

**10:50** *Ofen vorheizen*

30–40 Minuten vor dem Backen den Backofen (mit Backstein) auf 250 °C (Ober-/Unterhitze) vorheizen.

**11:20** *Einschießen*

Den gereiften Teigling auf den Einschießer wenden und länglich mit flach gehaltener Klinge unter die Teighaut schneiden. Leicht mit Wassernebel besprühen und in den Ofen einschießen. Mit 60–70 g Wasser kräftig schwaden und die Temperatur auf 210 °C reduzieren. Das Brot in etwa 45–50 Minuten abbacken, dabei gegen Ende der Backzeit mehrfach die Ofentür kurz öffnen, um eine besonders knusprige Kruste zu erreichen.

**Arbeitszeit: 5 Minuten**
**Backzeit: 45–50 Minuten**

**12:10** Das fertige Brot aus dem Ofen nehmen, nochmals mit Wasser besprühen und abkühlen lassen.

# MILDES KASSELER
*Weizenmischbrot 60/40*

# PFÄLZER KRUSTENBROT

*Mischbrot 50:50*

# MILDES KASSELER
## *Weizenmischbrot 60/40*

Das Kasseler Brot ist ein sehr traditionelles typisches Mischbrot. Die Mischungsverhältnisse zwischen Roggen und Weizen variieren. Kräftigere Versionen enthalten üblicherweise bis zu 70 Prozent Roggenmehl und für die mildere Version wird das Mischungsverhältnis zugunsten des Weizens verändert. Es ist eines der beliebtesten Brote in meiner Heimat, weil es so gut zu fast allen Brotbelägen passt.

Für 1 Brot (langes oder rundes Gärkörbchen, Teigeinwaage ca. 1030 g)
Teigtemperatur nach dem Kneten: 24–25 °C

VORTAG

**18:00** *Sauerteig ansetzen (Einstufenführung)*

- 115 g warmes Wasser (45 °C)
- 145 g Roggenmehl Type 1150
- 7 g Sauerteiganstellgut

Die Zutaten vermengen und bei 26–28 °C abgedeckt 12–16 Stunden reifen lassen.

Arbeitszeit: 5 Minuten
Reifezeit: 12–16 Stunden

BACKTAG

**08:00** *Hauptteig herstellen plus Stockgare*

- 290 g kaltes Wasser (10–12 °C)
- reifer Sauerteig
- 95 g Roggenmehl Type 1150
- 360 g Weizenmehl Type 1050
- 12 g Salz
- 7 g Frischhefe

Nach der Reifezeit des Sauerteigs die Zutaten für den Hauptteig in die Knet-/Küchenmaschine geben und 8–10 Minuten langsam verkneten, bis der Teig homogen und bindig ist. Dann abgedeckt bei Raumtemperatur 30 Minuten ruhen lassen.

Arbeitszeit: 15 Minuten
Reifezeit: 30–40 Minuten

*Für die Glanzstreiche*

- 10 g Speisestärke

Für die Glanzstreiche die Speisestärke mit 30 g Wasser mit einem Pinsel gründlich verrühren und bis zum Backen beiseitestellen.

BACKTAG

**08:45** *Teigling formen plus Stückgare*

Nach der Stockgare den Teig auf die bemehlte Arbeitsfläche geben. Zunächst nicht zu straff rund wirken, danach sofort aus der runden Form heraus straff lang wirken. Überschüssiges Mehl vom Teigling bürsten und den Teigling mit dem Schluss nach oben in ein Gärkörbchen legen. Abgedeckt bei Raumtemperatur 65–80 Minuten reifen lassen; er sollte fast volle Gare erreichen.

**Arbeitszeit: 10 Minuten**
**Reifezeit: 65–80 Minuten**

**09:15** *Ofen vorheizen*

30–40 Minuten vor dem Backen den Backofen (mit Backstein) auf 250 °C (Ober-/Unterhitze) vorheizen.

**10:00** *Einschießen*

Den gereiften Teigling auf den Einschießer wenden. Die Oberfläche mit der frisch aufgerührten Glanzstreiche einstreichen und mit der Stipprolle darüberfahren. Den Teigling in den Ofen einschießen und mit 50–60 g Wasser schwaden. Die Temperatur auf 210 °C reduzieren und den Dampf nach 2–3 Minuten wieder vollständig ablassen. Das Brot in 45 Minuten abbacken.

**Arbeitszeit: 5 Minuten | Backzeit: 45 Minuten**

**10:55** Das fertige Brot aus dem Ofen nehmen, für einen besonderen Glanz mit einem Wassernebel besprühen oder mit Wasser abstreichen und abkühlen lassen.

# PFÄLZER KRUSTENBROT

## *Mischbrot 50:50*

Die Pfalz mit ihrer Deutschen Weinstraße hat vor allem in ihrem südlichen Teil einen schon fast französischen Charme. So hat dieses echte Pfälzer Traditionsbrot trotz des unverkennbaren Roggenanteils eine leicht verspielt-französische Optik. Mit seinem dennoch nicht zu würzigen Geschmack passt es hervorragend zu den bodenständigen Weinen, die in der Region angebaut werden. Das Brot kann auch ohne Frischhefe hergestellt werden, dann verlängert sich die Reifezeit des fertig geformten Teiglings.

Für 1 Brot (Gärkörbchen, Teigeinwaage 1125 g)
Teigtemperatur nach dem Kneten: 27–28 °C

VORTAG *Sauerteig ansetzen (Zweistufenführung; Einstufenführung siehe Seite 119)*

**16:00** *Grundsauer (1. Stufe)*

- 40 g warmes Wasser (45 °C)
- 65 g Roggenmehl Type 1150
- 5 g Sauerteiganstellgut

Die Zutaten gut verrühren und bei 24 °C abgedeckt 12–16 Stunden reifen lassen.

**Arbeitszeit: 5 Minuten**
**Reifezeit: 12–16 Stunden**

BACKTAG

**06:00** *Vollsauer ansetzen (2. Stufe)*

- 100 g warmes Wasser (45 °C)
- 100 g Roggenmehl Type 1150
- 110 g reifer Grundsauer

Nach der Reifezeit das Wasser und das Mehl zum Grundsauer geben und alles verrühren. Die Mischung bei 28–30 °C abgedeckt 3 Stunden reifen lassen.

**Arbeitszeit: 5 Minuten**
**Reifezeit: 3 Stunden**

**09:00** *Hauptteig herstellen plus Stockgare*

- 305 g lauwarmes Wasser (20 °C)
- reifer Sauerteig
- 165 g Roggenmehl Type 1150
- 325 g Weizenmehl Type 550
- 14 g Salz
- 6 g Frischhefe (optional)

Nach der Reifezeit des Sauerteigs die Zutaten für den Hauptteig in die Knet-/Küchenmaschine geben. Alles 8–10 Minuten langsam verkneten, bis der Teig glatt ist und sich etwas von der Schüsselwand löst. Dabei während des Knetens eventuell an der Schüsselwand anhaftende Teigreste lösen. Den Teig dann abgedeckt bei Raumtemperatur 45 Minuten ruhen lassen.

**Arbeitszeit: 15 Minuten**
**Reifezeit: 45 Minuten**

*Alternativ zur Zweistufenführung: einstufig geführter Sauerteig*

- 135 g warmes Wasser (45 °C)
- 160 g Roggenmehl Type 1150
- 15 g Sauerteiganstellgut

Die Zutaten gut verrühren und bei 26–28 °C abgedeckt 10–14 Stunden reifen lassen. Danach den Hauptteig herstellen.

## BACKTAG

**10:00** *Teigling formen plus Stückgare*

Nach der Stockgare den Teig auf die bemehlte Arbeitsfläche geben. Zunächst nicht zu straff rund wirken, danach lang wirken und den Teigling mit Roggenmehl bemehlen. Dann mit dem Schluss nach oben in ein bemehltes Gärkörbchen legen und abgedeckt bei Raumtemperatur 60–75 Minuten reifen lassen.

**Arbeitszeit: 10 Minuten**
**Reifezeit: 60–75 Minuten**

**10:50** *Ofen vorheizen*

30–40 Minuten vor dem Backen den Backofen (mit Backstein) auf 240 °C (Ober-/Unterhitze) vorheizen.

**11:20** *Einschießen*

Den gereiften Teigling auf den Einschießer wenden. Längs geschweift (s-förmig) unter die Haut nicht zu tief einschneiden und 5 Minuten auf dem Einschießer ruhen lassen, damit der Schnitt sich etwas öffnet. Dann in den Ofen einschießen und mit 50 g Wasser schwaden. Die Temperatur auf 210 °C reduzieren und das Brot in 55 Minuten abbacken. Den Dampf nach den ersten 10 Minuten ablassen.

**Arbeitszeit: 5 Minuten**
**Backzeit: 55 Minuten**

**12:10** Das fertige Brot aus dem Ofen nehmen und abkühlen lassen.

# RHÖNER VOLLKORNBROT

## *Weizenmischbrot 65/35 aus Vollkornmehl*

**Das Rhöner Vollkornbrot mit saftig-kerniger Brotkrume und leichter Malzsüße macht sich gut auf jedem Frühstückstisch. Es besteht zu 100 Prozent aus Vollkornmehl und enthält daher alle Bestandteile des Getreidekorns.**

Für 1 Brot (Kastenform, Teigeinwaage ca. 1280 g)
Teigtemperatur nach dem Kneten: 24 °C

VORTAG

**20:00** *Sauerteig ansetzen (Einstufenführung)*

- 150 g warmes Wasser (45 °C)
- 150 g Roggenvollkornschrot
- 7 g Sauerteiganstellgut

Die Zutaten gut vermischen und abgedeckt bei Raumtemperatur 10–14 Stunden reifen lassen.

**Arbeitszeit: 5 Minuten**
**Reifezeit: 10–14 Stunden**

BACKTAG

**08:00** *Hauptteig herstellen plus Stockgarer*

- 380 g lauwarmes Wasser (30 °C)
- reifer Sauerteig
- 455 g Weizenvollkornmehl
- 95 g Roggenvollkornmehl
- 16 g Salz
- 20 g inaktives Gerstenmalz
- 5 g Frischhefe

Nach der Reifezeit des Sauerteigs die Zutaten für den Hauptteig in die Knet-/Küchenmaschine geben. Zunächst alles 6 Minuten langsam, dann 3–4 Minuten auf nächsthöherer Knetstufe zu einem Teig verkneten. Diesen abgedeckt bei Raumtemperatur 30 Minuten reifen lassen.

**Arbeitszeit: 15 Minuten**
**Reifezeit: 30 Minuten**

**08:45** *Teigling formen plus Stückgare*

Nach der Stockgare den Teig auf die bemehlte Arbeitsfläche geben. Erst locker rund wirken, danach straff lang wirken und zuletzt den Teigling gut bemehlen. Eine Kastenform einfetten, den Teigling mit dem Schluss nach unten in die Form legen und abgedeckt bei Raumtemperatur 60–80 Minuten reifen lassen, er sollte fast volle Gare erreichen.

**Arbeitszeit: 10 Minuten**
**Reifezeit: 60–80 Minuten**

**09:25** *Ofen vorheizen*

30–40 Minuten vor dem Backen den Backofen (mit Backstein) auf 240 °C (Ober-/Unterhitze) vorheizen.

**10:00** *Einschießen*

Die Oberfläche des gereiften Teiglings noch einmal bemehlen. Den Teigling in den Ofen einschießen und mit 50 g Wasser schwaden. Die Temperatur auf 200 °C reduzieren und das Brot in 65 Minuten abbacken.

**11:05** Das fertige Brot aus dem Ofen nehmen und abkühlen lassen.

# RHÖNER VOLLKORNBROT

*Weizenmischbrot 65/35 aus Vollkornmehl*

# SCHROTBROT

## *Weizen-Emmer-Schrotbrot 50:50*

# VALLE-MAGGIA-BROT

*Weizenmischbrot 90/10*

# *Weizen-Emmer-Schrotbrot 50:50*

Das ist mein Standardrezept für Schrotbrote, denn es gelingt mir seit Jahren besser als andere Rezepte. Der Teig reift sehr lange in der Kastenform. Das gibt dem Schrot die nötige Quellzeit, um das Wasser ausreichend zu binden. Sie können das Sauerteiganstellgut entweder kurz vor dem Backen auffrischen oder alternativ am Vorabend die nötige Menge ansetzen. Damit das Rezept funktioniert, sollte Ihr Sauerteiganstellgut eine gute Triebkraft haben. Falls das nicht der Fall ist, können Sie mit etwas Frischhefe »nachhelfen«.

1 Brot (1-kg-Kastenform mit Deckel, Teigeinwaage ca. 1640 g)
Teigtemperatur nach dem Kneten: 28 °C

VORTAG *Sauerteig ansetzen (Variante 1 oder Variante 2)*

**08:00** *Variante 1 (Anstellgutfütterung)*

- 40 g warmes Wasser (45 °C)
- 40 g Weizenmehl Type 1050
- 15 g Sauerteiganstellgut

Für Variante 1 die Zutaten gut verrühren und bei 28–30 °C abgedeckt 2–2 ½ Stunden reifen lassen. 15 g des Ansatzes abnehmen und und zur Führung eines Anstellguts verwenden.

**Arbeitszeit: 5 Minuten**
**Reifezeit: 2–2 ½ Stunden**

*Variante 2*

- 38 g Wasser
- 38 g Weizenmehl Type 1050
- 4 g Sauerteiganstellgut

Für Variante 2 die Zutaten ebenfalls gut verrühren und abgedeckt bei Raumtemperatur 10–14 Stunden reifen lassen.

**Arbeitszeit: 5 Minuten**
**Reifezeit: 10–14 Stunden**

BACKTAG

**10:30** *Hauptteig herstellen*

- 120 g Saatenmischung
- 620 g warmes Wasser (40 °C)
- 300 g grobes Weizenschrot, gekauft oder selbst gemahlen
- 100 g feines Weizenschrot, gekauft oder selbst gemahlen
- 400 g feines Emmerschrot (alternativ Dinkel, Roggen o. Ä.), gekauft oder selbst gemahlen
- 20 g Salz
- 26 g flüssiger Honig (alternativ Zuckerrübensirup)
- reifer Sauerteig

Nach der Reifezeit des Sauerteigs die Saatenmischung in der Pfanne rösten und kurz abkühlen lassen.

Die abgekühlte Saatenmischung dann mit den übrigen Zutaten für den Hauptteig in die Knet-/Küchenmaschine geben und alles 8–10 Minuten langsam verkneten, bis der Teig sich fast vollständig von der Schüsselwand löst.

Ohne Stockgare direkt zum Formen übergehen.

**Ruhezeit: 5 Minuten**
**Arbeitszeit: 15–20 Minuten**

BACKTAG

| | |
|---|---|
| 10:45 | *Teigling formen plus Stückgare*<br>Den Teig sofort auf die bemehlte Arbeitsfläche geben und straff lang wirken. Eine Kastenform fetten und den Teigling mit dem Schluss nach unten hineinlegen. Eine Abdeckhaube über die Form ziehen oder den Deckel auflegen und den Teigling bei 28–30 °C 6–7 Stunden reifen lassen. (Dieser Schritt kann durch Zugabe von Frischhefe verkürzt werden, nimmt dem Schrot aber dann notwendige Quellzeit.)<br>**Arbeitszeit: 5 Minuten**<br>**Reifezeit: 6–7 Stunden** |
| 16:45 | *Ofen vorheizen*<br>Wenn der Teig fast den Rand der Form erreicht hat, den Backofen (mit Backstein) auf 230 °C (Ober-/Unterhitze) vorheizen. |
| 17:15 | *Einschießen*<br>Sofern nicht ohnehin mit Deckel abgedeckt, diesen nach der Stückgare auf die Kastenform legen. Die Temperatur auf 210 °C reduzieren und das Brot 80 Minuten backen.<br>**Arbeitszeit: 5 Minuten**<br>**Backzeit: 80 Minuten** |
| 18:35 | Das fertige Brot aus dem Ofen nehmen und vor dem Anschneiden mindestens 12–24 Stunden auskühlen lassen. |

# VALLE-MAGGIA-BROT

## *Weizenmischbrot 90/10*

Dieses Brot ist eines der beliebtesten Tessiner Brote und über die Schweizer Landesgrenzen hinaus bekannt. Neben dem hohen Wasseranteil des Teigs, der für eine besonders saftige und offenporige Krume sorgt, spielt das landestypische Schweizer Ruchmehl geschmacklich eine besondere Rolle. Ruchmehl ist inzwischen in hervorragender Qualität auch außerhalb der Schweiz verfügbar. Wenn Sie es nicht bekommen, dann können Sie stattdessen die genannten Mehlalternativen verwenden, sollten aber weniger Wasser zusätzlich einkneten.

Für 1 Brot (rundes oder längliches Gärkörbchen, Teigeinwaage ca. 1090 g)
Teigtemperatur nach dem Kneten: 24 °C

VORTAG

**07:00** *Sauerteig herstellen (Einstufenführung)*

- 60 g warmes Wasser (45 °C)
- 60 g Weizenruchmehl (alternativ Vollkornmehl)
- 3 g Sauerteiganstellgut

Die Zutaten gut verrühren und bei 26–28 °C abgedeckt 10–14 Stunden reifen lassen.

**Arbeitszeit: 5 Minuten**
**Reifezeit: 10–14 Stunden**

**17:30** *Autolyseteig herstellen*

- 350 g lauwarmes Wasser (35 °C)
- 475 g Weizenruchmehl (alternativ 325 g Weizenmehl Type 550 und 150 g Weizenvollkornmehl)

Für den Autolyseteig das Wasser und das Mehl verkneten, bis keine »Mehlnester« mehr zu sehen sind. Den Teig abgedeckt 30 Minuten ruhen lassen.

**Arbeitszeit: 5 Minuten**
**Ruhezeit: 30 Minuten**

**18:00** *Hauptteig herstellen plus Stockgare*

- geruhter Autolyseteig
- reifer Sauerteig
- 45 g Roggenmehl Type 1150
- 14 g Salz
- 4 g Frischhefe (optional)
- 30–80 g Wasser (Wenn kein Ruchmehl verwendet wird, dann maximal 40 g Wasser in den Teig kneten.)

Alle Zutaten außer dem Wasser in die Knet-/Küchenmaschine geben und langsam kneten, bis der Teig beginnt, sich von der Schüsselwand zu lösen, das kann 10 Minuten oder länger dauern. Danach portionsweise das Wasser einkneten, dabei immer wieder warten, bis der Teig die Wasserportion gebunden hat. Sobald das Wasser gebunden ist und der Teig sich wieder von der Schüsselwand löst,den Teig dann in eine eingeölte Teigwanne geben und bei Raumtemperatur abgedeckt 2 Stunden reifen lassen, dabei nach 30 und nach 60 Minuten den Teig in der Teigwanne mit feuchten Händen dehnen und falten. (Falls keine Frischhefe verwendet wurde, den Teig wärmer, bei 26–28 °C, führen.)

**20:15** *Kalte Gare*

Sobald der Teig sein Volumen verdoppelt hat, in der abgedeckten Teigwanne für 12–16 Stunden bei 5 °C in den Kühlschrank stellen.

**Arbeitszeit: 15–20 Minuten**
**Reifezeit: 2 + 12–16 Stunden**

BACKTAG

**08:00** Den Teig nach der Stockgare auf die Arbeitsfläche geben. Vorsichtig rund vorformen, dabei sollten nur wenige der Gärgase verloren gehen, und den Teigling dann mit dem Schluss nach unten 15 Minuten auf der Arbeitsfläche ruhen lassen.

Danach mit der Teigkarte zu einer straffen, runden Teigkugel schieben. Erneut etwa 5 Minuten ruhen lassen, damit der Schluss verklebt.

Ein Gärkörbchen und die Teigoberfläche gut bemehlen, den Teigling mit dem Schluss nach oben in das Gärkörbchen legen und abgedeckt bei Raumtemperatur 45 Minuten nachreifen lassen.

**Arbeitszeit: 10 Minuten**
**Reifezeit: 15 + 5 + 45 Minuten**

**08:25** *Ofen vorheizen*

30–40 Minuten vor dem Backen den Backofen (mit Backstein) auf 250 °C Ober-/Unterhitze vorheizen.

**09:10** *Einschießen*

Den gereiften Teigling auf den Einschießer wenden, mit raschen Schnitten mehrfach einschneiden und sofort in den Ofen einschießen. Nach 1 Minute mit 60 g Wasser schwaden und die Temperatur auf 215 °C reduzieren. Das Brot in 55–60 Minuten dunkel abbacken.

**Arbeitszeit: 5 Minuten**
**Backzeit: 55–60 Minuten**

**10:10** Das fertige Brot aus dem Ofen nehmen und vor dem Anschneiden mindestens 4–6 Stunden ruhen lassen.

# ROGGENMISCHBROTE & *Roggenbrote*

# OBERLÄNDER MISCHBROT

*Roggenmischbrot 55/45*

# ODENWÄLDER BROT

*Roggenmischbrot 60/40*

# OBERLÄNDER MISCHBROT

## *Roggenmischbrot 55/45*

Das »Oberländer« kennt man heute in weiten Teilen Nordrhein-Westfalens. Ursprünglich kommt es allerdings aus dem Kölner Raum, von wo aus es sich verbreitet haben soll. Dort kam es im Jahr 1829 zu einem Konflikt zwischen dem Rat der Stadt und den ansässigen Bäckern über die Brotpreise. Als die Bäcker in den Streik traten, ließ der Rat Brot aus dem benachbarten »Oberland«, also der Gegend um Neuwied, Andernach und Koblenz, heranschaffen. Die dortigen Bäcker backten ein Brot, das einen höheren Roggenanteil hatte als das Brot, das die Kölner Bürger gewohnt waren. Es mundete ihnen anscheinend gut, denn nach Ende des Streiks sorgten sie dafür, dass es fortan auch in Köln gebacken wurde.

Für 1 Brot (langes Gärkörbchen, Teigeinwaage ca. 1150 g)
Teigtemperatur nach dem Kneten: 27–28 °C

VORTAG *Sauerteig ansetzen (Zweistufenführung; Einstufenführung siehe Seite 133)*

**16:00** *Grundsauer (1. Stufe)*

- 45 g warmes Wasser (40 °C)
- 65 g Roggenmehl Type 1150
- 5 g Sauerteiganstellgut

Die Zutaten gut verrühren und bei 24–25 °C abgedeckt 12–16 Stunden reifen lassen.

**Arbeitszeit: 5 Minuten**
**Reifezeit: 12–16 Stunden**

BACKTAG

**6:00** *Vollsauer ansetzen (2. Stufe)*

- 105 g warmes Wasser (45 °C)
- 100 g Roggenmehl Type 1150
- reifer Grundsauer

Nach der Reifezeit das Wasser und das Mehl zum Grundsauer geben und alles verrühren. Bei 28–30 °C abgedeckt 3 Stunden reifen lassen.

**Arbeitszeit: 5 Minuten**
**Reifezeit: 3 Stunden**

**08:00** *Quellstück herstellen*

- 80 g Wasser
- 40 g altbackenes Brot, geröstet und gemahlen

Wenn der Vollsauer etwa 2 Stunden gereift hat, für das Quellstück das Wasser mit dem Brot vermengen und 60 Minuten quellen lassen.

**Arbeitszeit: 5 Minuten**
**Reifezeit: 1 Stunde**

**09:00** *Hauptteig herstellen plus Stockgare*

- 240 g lauwarmes Wasser (35 °C)
- reifer Sauerteig
- 165 g Roggenmehl Type 1150
- 275 g Weizenmehl Type 1050
- vorbereitetes Quellstück
- 10 g Röstmalz (optional)
- 13 g Salz
- 6 g Frischhefe

Nach der Reifezeit des Sauerteigs die Zutaten für den Hauptteig in die Knet-/Küchenmaschine geben. Zunächst alles 4–5 Minuten langsam, dann 4 Minuten auf nächsthöherer Knetstufe verkneten, bis der Teig glatt ist. Diesen abgedeckt bei Raumtemperatur 30 Minuten ruhen lassen.

**Arbeitszeit: 15 Minuten**
**Reifezeit: 30 Minuten**

*Für die Glanzstreiche*

- 10 g Speisestärke

Für die Glanzstreiche die Speisestärke mit 30 g Wasser mit einem Pinsel gründlich verrühren und bis zum Backen beiseitestellen.

*Alternativ zur Zweistufenführung: einstufig geführter Sauerteig*

- 140 g warmes Wasser (45 °C)
- 165 g Roggenmehl Type 1150
- 15 g Sauerteiganstellgut

Die Zutaten gut verrühren und abgedeckt bei Raumtemperatur 10–14 Stunden reifen lassen. Danach den Hauptteig herstellen.

## BACKTAG

**09:45** Nach der Stockgare den Teig auf die bemehlte Arbeitsfläche geben und entweder straff rund oder straff lang wirken. Überschüssiges Mehl von der Oberfläche bürsten und den Teigling mit dem Schluss nach oben in ein leicht bemehltes Gärkörbchen legen. Abgedeckt bei Raumtemperatur 60–70 Minuten reifen lassen. (Wer nur stipfeln will, sollte den Teig volle Gare erreichen lassen.)

**Arbeitszeit: 5 Minuten**
**Reifezeit: 60–70 Minuten**

**10:40** *Ofen vorheizen*

30–40 Minuten vor dem Backen den Backofen (mit Backstein) auf 250 °C (Ober-/Unterhitze) vorheizen.

**11:10** *Einschießen*

Den gereiften Teigling auf den Einschießer wenden. Den Teigling mit der frisch aufgerührten Glanzstreiche abstreichen oder besprühen, mit der Stipprolle stippen oder oberflächlich einschneiden. Dann in den Ofen einschießen und mit 50 g Wasser schwaden. Den Dampf nach 3 Minuten vollständig ablassen und die Temperatur auf 210 °C reduzieren. Das Brot in 55 Minuten dunkel abbacken.

**Arbeitszeit: 5 Minuten**
**Backzeit: 55 Minuten**

**12:05** Das fertige Brot aus dem Ofen nehmen und für mehr Glanz sofort mit Wasser besprühen. Danach abkühlen lassen.

# ODENWÄLDER BROT

## *Roggenmischbrot 60/40*

Die markanten Bergflanken des Odenwalds erheben sich zwischen Darmstadt und Wiesloch aus dem fruchtbaren Oberrheintal. Die Gegend dieses Mittelgebirges ist bereits seit der Steinzeit von Menschen besiedelt und Handlungsort einiger berühmter deutscher Sagen. Das Gebiet hat einem Brot seinen Namen gegeben, das sicher zu den beliebtesten Brotsorten früherer Jahre zählt: dem Roggenmischbrot 60/40, das es auch unter anderen Namen in anderen Gegenden gibt.

Für 1 Brot (längliches Gärkörbchen, Teigeinwaage ca. 1070 g)
Teigtemperatur nach dem Kneten: 27–28 °C

VORTAG *Sauerteig ansetzen (Zweistufenführung; Einstufenführung siehe Seite 135)*

**16:00** *Grundsauer (1. Stufe)*

- 45 g warmes Wasser (45 °C)
- 70 g Roggenmehl Type 1150
- 5 g Sauerteiganstellgut

Die Zutaten gut verrühren und verkneten. Abgedeckt bei Raumtemperatur 12–16 Stunden reifen lassen.

Arbeitszeit: 5 Minuten
Reifezeit: 12–16 Stunden

BACKTAG

**06:00** *Vollsauer ansetzen (2. Stufe)*

- 100 g warmes Wasser (45 °C)
- 100 g Roggenmehl Type 1150
- reifer Grundsauer

Nach der Reifezeit das Wasser und das Mehl zum Grundsauer geben und alles verrühren. Bei 28–30 °C abgedeckt 3–4 Stunden reifen lassen.

Arbeitszeit: 5 Minuten
Reifezeit: 3–4 Stunden

**09:00** *Hauptteig herstellen plus Stockgare*

- 270 g warmes Wasser (40 °C)
- reifer Sauerteig
- 210 g Roggenmehl Type 1150
- 250 g Weizenmehl Type 1050
- 14 g Salz
- 5 g Frischhefe (optional)

Nach der Reifezeit des Sauerteigs die Zutaten für den Hauptteig in die Knet-/Küchenmaschine geben. Zunächst alles 7–8 Minuten langsam, dann 1–2 Minuten schnell zu einem bindigen Teig kneten, die Teigtemperatur sollte ohne Frischhefe 26 °C betragen. Den Teig nun bei 24–26 °C 45 Minuten (bei Hefezugabe bei Raumtemperatur 30 Minuten) reifen lassen.

Arbeitszeit: 15 Minuten
Reifezeit: 30–45 Minuten

*Alternativ zur Zweistufenführung: einstufig geführter Sauerteig*

- 140 g Wasser
- 165 g Roggenmehl Type 1150
- 15 g Sauerteiganstellgut

Die Zutaten gut verrühren und abgedeckt bei Raumtemperatur 12–16 Stunden reifen lassen. Danach den Hauptteig herstellen.

## BACKTAG

**09:45** *Teigling formen plus Stückgare*

Nach der Stockgare den Teig auf die bemehlte Arbeitsfläche geben. Zunächst leicht rund, danach straff lang wirken. Die Teigoberfläche gut bemehlen und den Teigling mit dem Schluss nach oben in ein Gärkörbchen legen. Bei 24–26 °C abgedeckt 80–90 Minuten reifen lassen (bei Hefezugabe bei Raumtemperatur 60–70 Minuten).

**Arbeitszeit: 5 Minuten**
**Reifezeit: 60–90 Minuten**

**10:30** *Ofen vorheizen*

30–40 Minuten vor dem Backen den Backofen (mit Backstein) auf 250 °C (Ober-/Unterhitze) vorheizen.

**11:00** *Einschießen*

Den gereiften Teigling auf den Einschießer wenden, stipfeln und in den Ofen einschießen. Mit 40 g Wasser schwaden und die Temperatur auf 210 °C reduzieren. Das Brot in 55–60 Minuten abbacken.

**Arbeitszeit: 5 Minuten**
**Backzeit: 55–60 Minuten**

**11:55** Das fertige Brot aus dem Ofen nehmen und abkühlen lassen.

# MÜNCHENER HAUSBROT

*Roggenmischbrot 60/40*

# KATENBROT

*Roggenmischbrot 65/35 mit Roggenflocken*

# MÜNCHENER HAUSBROT

## *Roggenmischbrot 60/40*

Das Münchener Hausbrot bieten noch einige Münchener Bäcker an, aber meist unter anderem Namen oder nicht mehr in der traditionellen Form, wie sie Franz-Josef Steffen noch in »Brotland Deutschland«, Band 1, Ende der 80er-Jahre zeigt. Diese ist sehr markant und macht das Brot unverkennbar: Seitlich wird der Teig vor dem Backen symmetrisch eingedrückt. Dieses Roggenmischbrot können Sie auch mit Brotgewürzen ganz nach Ihrem Geschmack verfeinern.

Für 1 Brot (Gärkörbchen, Teigeinwaage ca. 1040 g)
Teigtemperatur nach dem Kneten: 27–28 °C

VORTAG *Vorteig herstellen plus Sauerteig ansetzen (Einstufenführung)*

**20:00** *Vorteig*

- 0,1 g Frischhefe (reiskorngroßes Stück)
- 40 g Wasser
- 40 g Weizenmehl Type 1050

Die Hefe im Wasser auflösen. Dann das Mehl zugeben und alles gut verrühren. Abgedeckt bei Raumtemperatur 10–14 Stunden reifen lassen.

*Sauerteig*

- 115 g warmes Wasser (40 °C)
- 115 g Roggenmehl Type 1150
- 11 g Sauerteiganstellgut

Außerdem die Zutaten für den Sauerteig gut verrühren und zeitgleich abgedeckt bei Raumtemperatur 10–14 Stunden reifen lassen.

Arbeitszeit: 10 Minuten
Reifezeit: 10–14 Stunden

BACKTAG

**8:00** *Hauptteig herstellen plus Stockgare*

- 235 g lauwarmes Wasser (30 °C)
- reifer Vorteig
- reifer Sauerteig
- 235 g Roggenmehl Type 1150
- 220 g Weizenmehl Type 1050
- 20 g Malzextrakt
- 12 g Salz
- 5 g Frischhefe (optional)

Nach der Reifezeit der Vorteige die Zutaten für den Hauptteig in der Knet-/Küchenmaschine oder von Hand zu einem homogenen, gut bindigen Teig verkneten. Den Teig, am besten bei 25–26 °C, abgedeckt 45–60 Minuten reifen lassen.

Arbeitszeit: 10 Minuten
Reifezeit: 45–60 Minuten

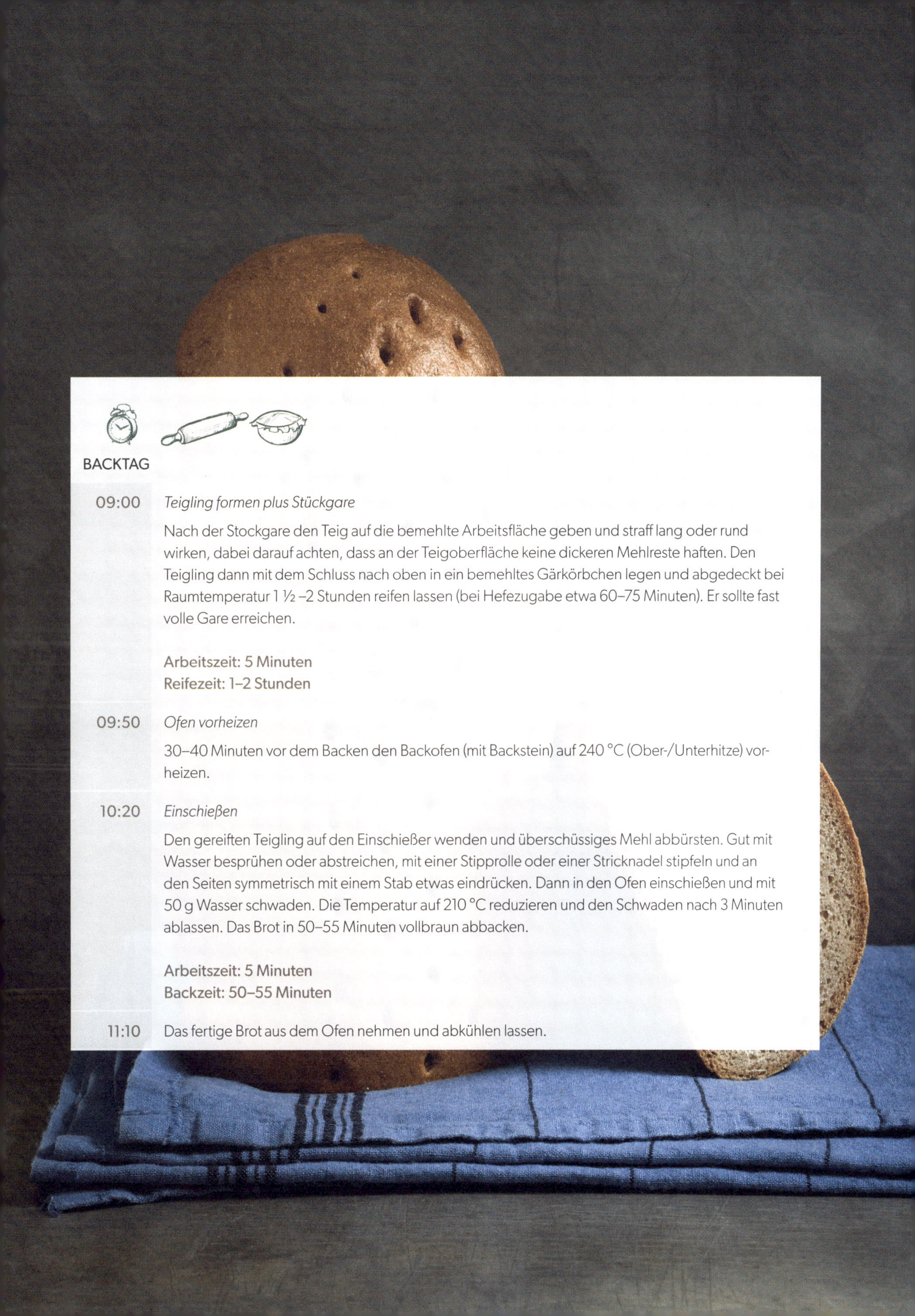

BACKTAG

**09:00** *Teigling formen plus Stückgare*

Nach der Stockgare den Teig auf die bemehlte Arbeitsfläche geben und straff lang oder rund wirken, dabei darauf achten, dass an der Teigoberfläche keine dickeren Mehlreste haften. Den Teigling dann mit dem Schluss nach oben in ein bemehltes Gärkörbchen legen und abgedeckt bei Raumtemperatur 1 ½ –2 Stunden reifen lassen (bei Hefezugabe etwa 60–75 Minuten). Er sollte fast volle Gare erreichen.

Arbeitszeit: 5 Minuten
Reifezeit: 1–2 Stunden

**09:50** *Ofen vorheizen*

30–40 Minuten vor dem Backen den Backofen (mit Backstein) auf 240 °C (Ober-/Unterhitze) vorheizen.

**10:20** *Einschießen*

Den gereiften Teigling auf den Einschießer wenden und überschüssiges Mehl abbürsten. Gut mit Wasser besprühen oder abstreichen, mit einer Stipprolle oder einer Stricknadel stipfeln und an den Seiten symmetrisch mit einem Stab etwas eindrücken. Dann in den Ofen einschießen und mit 50 g Wasser schwaden. Die Temperatur auf 210 °C reduzieren und den Schwaden nach 3 Minuten ablassen. Das Brot in 50–55 Minuten vollbraun abbacken.

Arbeitszeit: 5 Minuten
Backzeit: 50–55 Minuten

**11:10** Das fertige Brot aus dem Ofen nehmen und abkühlen lassen.

# KATENBROT

## *Roggenmischbrot 65/35 mit Roggenflocken*

Katenbrot ist ein dunkles Roggenmischbrot mit hohem Anteil an Roggenflocken für Liebhaber des kräftigeren Brotes. Auch heute bekommen Sie es noch in vielen Bäckereien zu kaufen, und das seit Generationen. Es ist recht üblich, diesem Brot mithilfe von dunklem Röstmalz etwas mehr Farbe zu geben. Das ist kein Mangel, denn Röstmalz verleiht dem Brot auch ein delikates Roggenaroma.

Für 1 Brot (Gärkörbchen, Teigeinwaage ca. 1120 g)
Teigtemperatur nach dem Kneten: 27–28 °C

VORTAG *Sauerteig ansetzen (Einstufenführung) plus Quellstück herstellen*

**19:00** *Sauerteig*

- 165 g warmes Wasser (45 °C)
- 165 g Roggenmehl Type 1370
- 15 g Sauerteiganstellgut

Die Zutaten gut verrühren und abgedeckt bei Raumtemperatur 10–14 Stunden reifen lassen.

*Quellstück*

- 190 g Wasser
- 190 g Roggenflocken
- 14 g Salz

Außerdem die Zutaten für das Quellstück gut verrühren und zeitgleich abgedeckt bei Raumtemperatur ebenfalls 10–14 Stunden ruhen lassen.

**Arbeitszeit: 10 Minuten**
**Ruhezeit: 10–14 Stunden**

BACKTAG

**07:00** *Hauptteig herstellen plus Stockgare*

- 115 g warmes Wasser (45 °C)
- reifer Sauerteig
- vorbereitetes Quellstück
- 45 g Roggenmehl Type 1370
- 220 g Weizenmehl Type 1050
- 5 g Frischhefe
- 10 g Roggen-Röstmalz (optional)

Nach der Ruhezeit der Vorteige die Zutaten für den Hauptteig in die Knet-/Küchenmaschine geben. In 8–10 Minuten langsam zu einem Teig verkneten, dabei eventuell an der Schüsselwand anhaftende Teigreste zwischendurch mit dem Silikonschaber lösen. Den Teig dann abgedeckt bei Raumtemperatur 20 Minuten ruhen lassen.

**Arbeitszeit: 15 Minuten**
**Ruhezeit: 20 Minuten**

*Weitere Zutaten*

- Roggenflocken zum Wälzen

BACKTAG

07:35 *Teigling formen plus Stückgare*

Nach der Teigruhe den Teig auf die bemehlte Arbeitsfläche geben und die Rückseite des Teigs bemehlen. Den Teigling zunächst locker rund formen, danach sofort lang stoßen und mit Wasser befeuchten. Dann in Roggenflocken wälzen und mit dem Schluss nach unten in ein Gärkörbchen legen. Den Teig ohne Abdeckung bei Raumtemperatur 55–70 Minuten reifen lassen, es sollten sich Gärrisse bilden.

**Arbeitszeit: 5–10 Minuten**
**Reifezeit: 55–70 Minuten**

08:15 *Ofen vorheizen*

30–40 Minuten vor dem Backen den Backofen (mit Backstein) auf 250 °C (Ober-/Unterhitze) vorheizen.

08:55 *Einschießen*

Den gereiften Teigling aus dem Gärkörbchen auf den Einschießer lupfen, sodass der Schluss wieder unten zu liegen kommt. (Wer sich das nicht zutraut, kann den Teigling auch auf den Einschießer kippen.) In den Ofen einschießen und mit 60 g Wasser schwaden. Die Temperatur auf 210 °C reduzieren und das Brot in 55 Minuten abbacken.

**Arbeitszeit: 5 Minuten**
**Backzeit: 55 Minuten**

09:50 Das fertige Brot aus dem Ofen nehmen und abkühlen lassen.

# BERGSTEIGERBROT

*Roggenmischbrot 60/40 mit Schrot*

## HUNSRÜCKER BAUERNBROT

*Roggenmischbrot 65/35*

# BERGSTEIGERBROT

## *Roggenmischbrot 60/40 mit Schrot*

**Das Bergsteigerbrot kenne ich noch aus meiner Kindheit. Es hatte einen angenehmen Biss und Saftigkeit in der Krume und sättigte sehr gut. Letzteres mag mit der Grund sein, wie es zu seinem Namen kam. Es wird auch heute noch in vielen Bäckereien unter dem einen oder anderen Namen angeboten. Ein grundehrliches Roggenmischbrot für jeden Tag! Als Abwandlung können Sie es mit Brotgewürzen verfeinern. Dann bekommt es einen alpenländischen Charakter.**

Für 1 Brot (langes oder rundes Gärkörbchen, Teigeinwaage ca. 1110 g)
Teigtemperatur nach dem Kneten: 27–28 °C

VORTAG *Sauerteig ansetzen (Zweistufenführung; Einstufenführung siehe Seite 145) plus Quellstück herstellen*

**17:00** *Grundsauer (1. Stufe)*

- 50 g warmes Wasser (45 °C)
- 5 g Sauerteiganstellgut
- 80 g Roggenmehl Type 1150

Die Zutaten gut verrühren und bei 24 °C abgedeckt 12–16 Stunden reifen lassen.

*Quellstück*

- 100 g Roggenschrot
- 14 g Salz
- 100 g Wasser

Für das Quellstück das Schrot und das Salz mit dem Wasser mischen und alles 12–16 Stunden quellen lassen.

**Arbeitszeit: 10 Minuten**
**Reifezeit: 12–16 Stunden**

BACKTAG

**06:00** *Vollsauer ansetzen (2. Stufe)*

- 120 g warmes Wasser (45 °C)
- 120 g Roggenmehl Type 1150
- reifer Grundsauer

Nach der Reifezeit das Wasser und das Mehl zum Grundsauer geben und alles verrühren. Bei 28 °C abgedeckt 3 Stunden reifen lassen.

**Arbeitszeit: 5 Minuten**
**Reifezeit: 3 Stunden**

**09:00** *Hauptteig herstellen plus Stockgare*

- 150 g warmes Wasser (40 °C)
- reifer Sauerteig
- vorbereitetes Quellstück
- 95 g Roggenmehl Type 1150
- 260 g Weizenmehl Type 550
- 10 g Schweine- oder Butterschmalz
- 6 g Frischhefe (optional)

*Weitere Zutaten*

- Roggenschrot oder Roggenvollkornmehl zum Bemehlen

Nach der Reifezeit des Sauerteigs die Zutaten für den Hauptteig in die Knet-/Küchenmaschine geben. Alles 8–10 Minuten langsam zu einem Teig verkneten, dabei eventuell an der Schüsselwand haftende Teigreste mit dem Silikonschaber lösen. Den Teig dann abgedeckt bei Raumtemperatur 30 Minuten ruhen lassen.

**Arbeitszeit: 15 Minuten**
**Ruhezeit: 30 Minuten**

*Alternativ zur Zweistufenführung: einstufig geführter Sauerteig*

- 155 g warmes Wasser (45 °C)
- 200 g Roggenmehl Type 1150
- 20 g Sauerteiganstellgut

Die Zutaten gut verrühren und bei 26–28 °C abgedeckt 12–16 Stunden reifen lassen. Danach den Hauptteig herstellen.

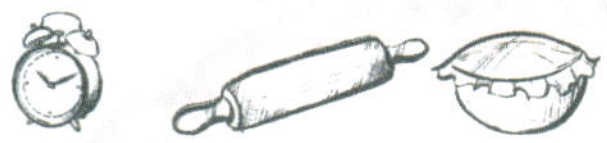

BACKTAG

**09:30** *Teigling formen plus Stückgare*

Nach der Stockgare die Arbeitsfläche mit Roggenschrot oder Roggenvollkornmehl bemehlen. Den Teig darauf nicht zu straff rund wirken, dabei etwas Schrot/Mehl in den Schluss einarbeiten. Den Teigling dann mit dem Schluss nach unten in ein bemehltes Gärkörbchen legen und 50–60 Minuten reifen lassen.

Ohne Hefezugabe darauf achten, dass die Teigtemperatur nach dem Kneten etwa 26–27 °C erreicht. Die Reifezeit kann sich auf bis zu 90 Minuten verlängern.

**Arbeitszeit: 10 Minuten**
**Reifezeit: 50–90 Minuten**

**10:10** *Ofen vorheizen*

30–40 Minuten vor dem Backen den Backofen (mit Backstein) auf 240 °C (Ober-/Unterhitze) vorheizen.

**10:40** *Einschießen*

Den gereiften Teigling auf den Einschießer wenden und den Schluss 3–5 Minuten etwas aufreißen lassen. Dann den Teigling in den Ofen einschießen und mit 40 g Wasser schwaden. Die Temperatur auf 210 °C reduzieren und das Brot in etwa 55 Minuten abbacken.

**Ruhezeit: 3–5 Minuten**
**Arbeitszeit: 5 Minuten**
**Backzeit: 55 Minuten**

**11:40** Das fertige Brot aus dem Ofen nehmen und abkühlen lassen.

# HUNSRÜCKER BAUERNBROT

## *Roggenmischbrot 65/35*

Dieses traditionelle Roggenmischbrot wird im Hunsrück seit Generationen gebacken. Noch heute gibt es in manchen Orten die Tradition, dass Familien es alle paar Wochen im »Backes«, dem Gemeindebackhaus, im Holzbackofen backen. Wenn Sie es ohne Zugabe von Frischhefe herstellen, bekommt es sein volles Aroma und hält sich am längsten frisch. Durch Zugabe von Hefe lässt sich die Reifezeit verkürzen und bei Raumtemperatur durchführen.

Für 1 Brot (rundes Gärkörbchen, Teigeinwaage ca. 1120 g)
Teigtemperatur nach dem Kneten: 27–28 °C

VORTAG *Sauerteig ansetzen (Zweistufenführung)*

**16:00** *Grundsauer (1. Stufe)*

- 55 g warmes Wasser (40 °C)
- 90 g Roggenmehl Type 1370
- 5 g Sauerteiganstellgut

Die Zutaten gut verkneten und abgedeckt bei Raumtemperatur 10–16 Stunden reifen lassen.

**Arbeitszeit: 5 Minuten**
**Reifezeit: 10–16 Stunden**

BACKTAG

**06:00** *Vollsauer ansetzen (2. Stufe)*

- 135 g warmes Wasser (40 °C)
- 135 g Roggenmehl Type 1370
- reifer Grundsauer

Nach der Reifezeit das Wasser und das Mehl zum Grundsauer geben und alles verrühren. Bei 28–30 °C abgedeckt 3–4 Stunden reifen lassen.

**Arbeitszeit: 5 Minuten**
**Reifezeit: 3–4 Stunden**

**09:00** *Hauptteig herstellen plus Stockgare*

- 250 g warmes Wasser (40 °C)
- reifer Vollsauerteig
- 190 g Roggenmehl Type 1370
- 225 g Weizenmehl Type 550
- 15 g flüssiger Waldhonig
- 14 g Salz
- 5 g Frischhefe (optional)

Nach der Reifezeit des Sauerteigs die Zutaten für den Hauptteig in die Küchenmaschine geben. Zunächst alles 7–8 Minuten langsam, dann 1–2 Minuten schnell zu einem bindigen Teig verkneten. Die Teigtemperatur sollte 26 °C betragen. Den Teig nun bei 24–26 °C abgedeckt 30 Minuten reifen lassen.

**Arbeitszeit: 15 Minuten**
**Reifezeit: 30 Minuten**

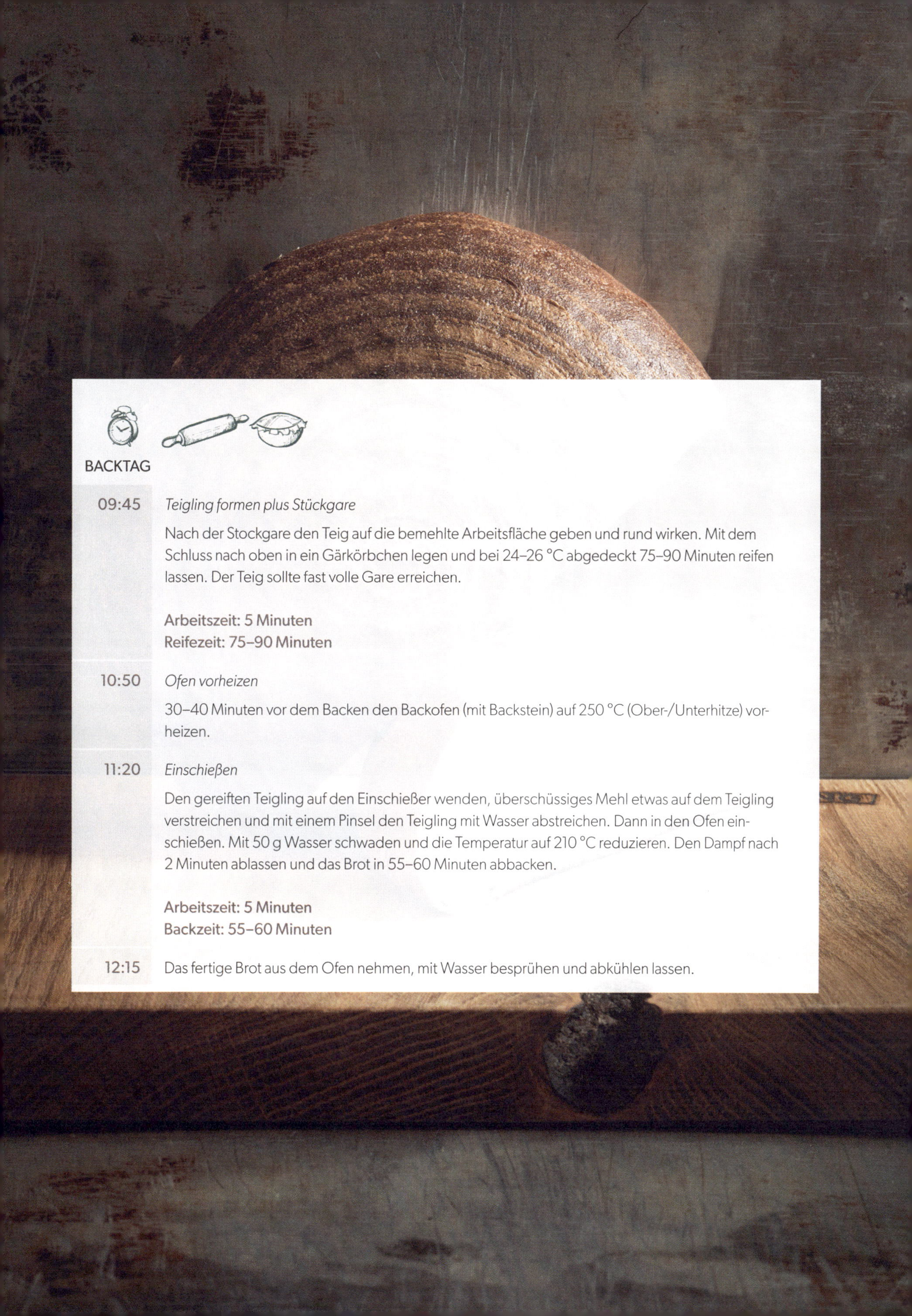

BACKTAG

09:45 *Teigling formen plus Stückgare*

Nach der Stockgare den Teig auf die bemehlte Arbeitsfläche geben und rund wirken. Mit dem Schluss nach oben in ein Gärkörbchen legen und bei 24–26 °C abgedeckt 75–90 Minuten reifen lassen. Der Teig sollte fast volle Gare erreichen.

**Arbeitszeit: 5 Minuten**
**Reifezeit: 75–90 Minuten**

10:50 *Ofen vorheizen*

30–40 Minuten vor dem Backen den Backofen (mit Backstein) auf 250 °C (Ober-/Unterhitze) vorheizen.

11:20 *Einschießen*

Den gereiften Teigling auf den Einschießer wenden, überschüssiges Mehl etwas auf dem Teigling verstreichen und mit einem Pinsel den Teigling mit Wasser abstreichen. Dann in den Ofen einschießen. Mit 50 g Wasser schwaden und die Temperatur auf 210 °C reduzieren. Den Dampf nach 2 Minuten ablassen und das Brot in 55–60 Minuten abbacken.

**Arbeitszeit: 5 Minuten**
**Backzeit: 55–60 Minuten**

12:15 Das fertige Brot aus dem Ofen nehmen, mit Wasser besprühen und abkühlen lassen.

# SPESSARTKRUSTE

## *Roggenmischbrot mit Kartoffel*

# HEIDEBROT

*Roggenmischbrot 80/20*

# SPESSARTKRUSTE

## *Roggenmischbrot mit Kartoffel*

**Die Spessartkruste ist ein in Hessen bekanntes Brot, das nach dem bekannten Höhenzug und Waldgebiet benannt ist. Durch den hohen Roggen- und den vergleichsweise kleinen Sauerteiganteil hat es einen milderen Geschmack als vergleichbare Roggenmischbrote. Durch die Zugabe von Kartoffel wird es noch delikat untermalt.**

Für 1 Brot (Gärkörbchen, freigeschoben, Teigeinwaage ca. 1020 g oder Kastenform, Teigeinwaage ca. 1100 g)
Teigtemperatur nach dem Kneten: 27–28 °C

VORTAG *Sauerteig ansetzen (Einstufenführung)*

**20:00** *Variante 1: freigeschoben*

- 175 g Wasser
- 175 g Roggenmehl Type 1150
- 15 g Sauerteiganstellgut

*Variante 2: Kastenform (saftigere Variante)*

- 165 g Wasser
- 165 g Roggenmehl Type 1150
- 15 g Sauerteiganstellgut

Die Zutaten gut vermischen und abgedeckt bei Raumtemperatur 10–14 Stunden reifen lassen. (Außerdem am besten zur gleichen Zeit die für den Hauptteig verwendete Kartoffel garen.)

**Arbeitszeit: 5 Minuten**
**Reifezeit: 10–14 Stunden**

BACKTAG *Hauptteig herstellen plus Stockgare*

**08:00** *Variante 1: freigeschoben*

- 150 g lauwarmes Wasser (30 °C)
- reifer Sauerteig
- 160 g Roggenmehl Type 1150
- 160 g Kartoffel, gekocht und zerdrückt
- 165 g Weizenmehl Type 1050
- 14 g Salz
- 6 g Frischhefe (optional)

*Variante 2: Kastenform (saftigere Variante)*

- 220 g lauwarmes Wasser (30 °C)
- reifer Sauerteig
- 170 g Roggenmehl Type 1150
- 170 g Kartoffel, gekocht und zerdrückt
- 175 g Weizenmehl Type 1050
- 14 g Salz
- 6 g Frischhefe (optional)

Nach der Reifezeit des Sauerteigs die Zutaten für den Hauptteig in die Knet-/Küchenmaschine geben und in 7–8 Minuten zu einem homogenen Teig vermischen. Diesen abgedeckt bei Raumtemperatur 20 Minuten reifen lassen.

**Arbeitszeit: 10 Minuten**
**Reifezeit: 20 Minuten**

BACKTAG

**08:30** *Teigling formen plus Stückgare*

Nach der Stockgare den Teig auf die Arbeitsfläche geben. Zunächst rund wirken, danach nicht zu straff lang wirken. Den Teigling dann mit dem Schluss nach oben in ein bemehltes Gärkörbchen legen bzw. den Teig in eine gefettete Kastenform füllen und mit dem Silikonschaber oder der Teigkarte glatt ziehen. Nun bei 26–28 °C abgedeckt 90–120 Minuten (bei Hefezugabe 60–70 Minuten) reifen lassen.

**Arbeitszeit: 5 Minuten**
**Reifezeit: 60–120 Minuten**

**09:15** *Ofen vorheizen*

30–40 Minuten vor dem Backen den Backofen (mit Backstein) auf 240 °C Ober-/Unterhitze vorheizen.

**09:45** *Einschießen*

Den gereiften Teigling auf den Einschießer kippen und zweimal parallel länglich einschneiden, sodass in der Mitte ein etwa 2–3 cm breiter Streifen bleibt. Wird eine Kastenform verwendet, braucht der Teigling nicht eingeschnitten werden. Den Teigling dann in den Ofen einschießen und mit 30–40 g Wasser leicht schwaden. Die Temperatur auf 210 °C reduzieren und das Brot in etwa 50 Minuten abbacken.

**Arbeitszeit: 5 Minuten**
**Backzeit: 50 Minuten**

**10:35** Das fertige Brot aus dem Ofen nehmen und abkühlen lassen.

# HEIDEBROT
## *Roggenmischbrot 80/20*

**Dieses echt norddeutsche Roggenmischbrot gibt es noch immer in vielen Bäckereien zu kaufen. Das Rezept existiert in seiner Grundstruktur seit sicher mehr als 100 Jahren. Besondere Kennzeichen sind die glänzende Oberfläche und die bemehlten Seiten des Brotes. Der Geschmack ist würzig und durch das dunklere Ausbacken sehr aromatisch. Aufgrund der Herstellungsart ergibt das Rezept immer zwei Brote von etwa 800 g.**

Für 2 Brote (im Bäckerleinentuch gereift, Teigeinwaage pro Brot ca. 800 g)
Teigtemperatur nach dem Kneten: 27–28 °C

VORTAG

**20:00** *Sauerteig ansetzen (Einstufenführung)*

- 240 g warmes Wasser (45 °C)
- 300 g Roggenmehl Type 1150
- 15 g Sauerteiganstellgut

Die Zutaten gut verrühren und bei 26–28 °C abgedeckt 10–14 Stunden reifen lassen.

**Arbeitszeit: 5 Minuten**
**Reifezeit: 10–14 Stunden**

BACKTAG

**07:30** *Quellstück herstellen*

- 100 g lauwarmes Wasser (30 °C)
- 50 g altbackenes Brot

Wenn der Sauerteig fast ausreichend gereift ist, die Zutaten für das Quellstück gut verrühren und etwa 30 Minuten quellen lassen.

**Arbeitszeit: 5 Minuten**
**Ruhezeit: 30 Minuten**

**08:00** *Hauptteig herstellen plus Stockgare*

- 370 g warmes Wasser (40 °C)
- reifer Sauerteig
- vorbereitetes Quellstück
- 450 g Roggenmehl Type 1150
- 190 g Weizenmehl Type 1050
- 20 g Salz
- 5 g Frischhefe (optional)

Nach der Reifezeit des Sauerteigs die Zutaten für den Hauptteig in die Knet-/Küchenmaschine geben. In 8–10 Minuten bei langsamer Knetgeschwindigkeit vermischen, bis ein bindiger Teig entstanden ist, die Teigtemperatur sollte 24–26 °C betragen. Den Teig abgedeckt bei Raumtemperatur 10–15 Minuten reifen lassen.

**Arbeitszeit: 15 Minuten**
**Reifezeit: 10–15 Minuten**

1

2

BACKTAG

08:20 *Teigling formen plus Stückgare*

Nach der Stockgare den Teig auf die bemehlte Arbeitsfläche geben. Zunächst rund vorformen, dann zu einer Länge von etwa 20–25 cm lang wirken. Den Teigling gut in Roggenmehl wälzen und mit dem Schluss zur Seite in ein Bäckerleinentuch legen. Abgedeckt bei Raumtemperatur 20–25 Minuten reifen lassen.

Danach den Teigling auf den Einschießer oder ein Lochblech legen und mit einer scharfen Teigkarte oder einem Messer mittig längs so durchschneiden, dass die Hälften auseinanderklappen und die Schnittfläche oben liegt. Das Messer gegebenenfalls vorher mit Öl bestreichen, damit es nicht an der Schnittfläche klebt. Die Teigschnittfläche mit einem Pinsel mit etwas Wasser befeuchten, dabei darauf achten, dass kein Wasser an den bemehlten Seiten herabläuft. Den Teigling abdecken und weitere 60 Minuten (bei Hefezugabe 45 Minuten) reifen lassen.

**Arbeitszeit: 10 Minuten**
**Reifezeit: 20–25 + 45–60 Minuten**

09:15 *Ofen vorheizen*

30–40 Minuten vor dem Backen den Backofen (mit Backstein) auf 240 °C (Ober-/Unterhitze) vorheizen.

09:45 *Einschießen*

Die Schnittflächen des gereiften Teiglings erneut befeuchten und den Teigling dann in den Ofen einschießen. Mit 60 g Wasser schwaden, die Temperatur auf 210 °C reduzieren und den Dampf nach 2 Minuten ablassen. Das Brot nun in insgesamt 50 Minuten abbacken.

**Arbeitszeit: 5 Minuten**
**Backzeit: 50 Minuten**

10:35 Das fertige Brot aus dem Ofen nehmen, die Oberfläche mit Wasser abstreichen und abkühlen lassen.

# Roggenmischbrot 65/35 mit Gerstenflocken

Gersterbrot ist eine norddeutsche Brotspezialität. Vor allem in Niedersachsen und seiner Landeshauptstadt Hannover wird es heute noch häufig hergestellt.
Gersteln oder Gerstern hat nichts mit dem Getreide Gerste zu tun. Es bedeutet vielmehr den Vorgang, die mit einer Mehlpaste bestrichene Brotkruste schon vor dem Backen oder kurz nach Beginn des Backens mit einem Gasbrenner oder Lötbrenner leicht anzurösten. Dadurch verschließen sich die Poren der Kruste und es entstehen besonders intensive Röstaromen.

Für 1 Brot (Kastenform, Teigeinwaage ca. 1265 g)
Teigtemperatur nach dem Kneten: 27–28 °C

VORTAG *Sauerteig ansetzen (Zweistufenführung; Einstufenführung siehe Seite 157)*

**18:00** *Grundsauer (1. Stufe)*

- 50 g warmes Wasser (45 °C)
- 70 g Roggenmehl Type 1150
- 4 g Sauerteiganstellgut

Die Zutaten gut verrühren und bei 24 °C abgedeckt 12–16 Stunden reifen lassen.

**Arbeitszeit: 5 Minuten**
**Reifezeit: 12–16 Stunden**

BACKTAG

**06:00** *Vollsauer ansetzen (2. Stufe)*

- 105 g warmes Wasser (45 °C)
- 105 g Roggenmehl Type 1150
- reifer Grundsauer

Nach der Reifezeit das Wasser und das Mehl zum Grundsauer geben und alles verrühren. Bei 26–28 °C abgedeckt 3 Stunden reifen lassen.

**Arbeitszeit: 5 Minuten**
**Reifezeit: 3 Stunden**

*Brühstück herstellen*

- 115 g Gerstenflocken
- 60 g Leinsamen
- 16 g Salz
- 175 g heißes Wasser (80 °C)

Für das Brühstück die Flocken, die Leinsamen und das Salz vermischen. Alles mit dem Wasser übergießen und gut umrühren. Die Masse 1–2 Stunden abkühlen lassen.

**Arbeitszeit: 5 Minuten**
**Ruhezeit: 1–2 Stunden**

**09:00** *Hauptteig herstellen plus Stockgare*

- 205 g warmes Wasser (45 °C)
- reifer Sauerteig
- vorbereitetes Brühstück
- 160 g Roggenmehl Type 1150
- 180 g Weizenmehl Type 1050
- 20 g Blütenhonig
- 6 g Frischhefe (optional)

Nach der Reifezeit des Sauerteigs die Zutaten für den Hauptteig in die Knet-/Küchenmaschine geben. In 8–10 Minuten langsam zu einem bindigen Teig verkneten, diesen abgedeckt bei Raumtemperatur 20 Minuten ruhen lassen.

**Arbeitszeit: 10 Minuten**
**Reifezeit: 20 Minuten**

*Für die Mehlstreiche*

- 20 g Roggenmehl Type 1150
- 3 g Salz

Für die Mehlstreiche die Zutaten mit 50 g Wasser klümpchenfrei verrühren, kurz bevor das Brot gebacken wird.

1

2

3

4

5

6

*Alternativ zur Zweistufenführung: einstufig geführter Sauerteig*

- 150 g warmes Wasser (45 °C)
- 180 g Roggenmehl Type 1150
- 9 g Sauerteiganstellgut

Die Zutaten gut verrühren und bei 20–24 °C abgedeckt 12–16 Stunden reifen lassen. Danach den Hauptteig herstellen.

BACKTAG

09:30 *Teigling formen plus Stückgare*

Nach der Stockgare den Teig auf die bemehlte Arbeitsfläche geben. Zunächst rund, danach lang wirken. Eine Kastenform einölen oder einfetten und den Teigling mit dem Schluss nach unten hineinlegen. Dann abgedeckt bei Raumtemperatur 75–90 Minuten reifen lassen. Der Teig sollte in dieser Zeit den Rand der Form erreichen, ohne Hefezugabe kann das etwas länger dauern.

**Arbeitszeit: 10 Minuten**
**Reifezeit: 75–90 Minuten**

10:00 *Ofen vorheizen*

30–40 Minuten vor dem Backen den Backofen (mit Backstein) auf 240 °C (Ober-/Unterhitze) vorheizen. Außerdem die Mehlstreiche vorbereiten (siehe Seite 151).

10:55 *Einschießen*

Die Teigoberfläche des gereiften Teiglings mit der Mehlstreiche einstreichen und den Teigling in den Ofen einschießen. Mit 30 g Wasser schwaden und die Temperatur auf 210 °C reduzieren. Nach 10–12 Minuten Backzeit das Brot aus dem Ofen nehmen und die Oberfläche mit einem Küchengasbrenner mit hin und her streichenden Handbewegungen gerstern, dabei darauf achten, dass die Oberfläche nicht verbrennt. Das Brot wieder in den Ofen geben und in weiteren 45 Minuten abbacken.

**Arbeitszeit: 5–10 Minuten**
**Backzeit: 55 Minuten**

11:50 Das fertige Brot aus dem Ofen nehmen und gut abkühlen lassen.

# SCHLÜTERBROT

*Roggenmischbrot 80/20 mit Schlütermehlanteil*

# SIEGERLÄNDER KRUSTE

*Roggenmischbrot 70/30*

SCHLÜTERBROT

# *Roggenmischbrot 80/20 mit Schlütermehlanteil*

**Das Schlüterbrot wurde gegen Ende des 19. Jahrhunderts vom Müller Theodor Schlüter entwickelt. Es gelang ihm, die schwer verdauliche Roggenkleie so zu veredeln, dass die enthaltenen Nährstoffe dem Körper wesentlich einfacher zur Verfügung stehen. Das so entstandene »Schlütermehl« wird glücklicherweise auch heute noch hergestellt. Das Mehl ist recht dunkel und verleiht dem Brot neben der kräftigen Farbe einen leicht süßlichen Geschmack. Beziehen können Sie das Mehl über lokale Mühlen oder Versandhändler.**

Für 1 Brot (Gärkörbchen oder Kastenform, Teigeinwaage ca. 1060 g)
Teigtemperatur nach dem Kneten: 27–28 °C

VORTAG

**19:00** *Sauerteig ansetzen (Einstufenführung)*

- 185 g warmes Wasser (45 °C)
- 220 g Roggenmehl Type 1150
- 12 g Sauerteiganstellgut

Die Zutaten gut vermengen und abgedeckt bei Raumtemperatur 12–16 Stunden reifen lassen.

**Arbeitszeit: 5 Minuten**
**Reifezeit: 12–16 Stunden**

BACKTAG

**08:00** *Hauptteig herstellen plus Stockgare*

- 260 g warmes Wasser (45 °C)
- reifer Sauerteig
- 150 g Schlütermehl
- 110 g Roggenmehl Type 1150
- 110 g Weizenmehl Type 550
- 13 g Salz
- 5 g Frischhefe (optional)

Nach der Reifezeit des Sauerteigs die Zutaten für den Hauptteig in die Knet-/Küchenmaschine geben. In 8–10 Minuten zu einem homogenen Teig verkneten, dabei eventuell an der Schüsselwand anhaftende Teigreste mit dem Silikonschaber lösen. Den Teig dann abgedeckt bei Raumtemperatur 10–15 Minuten ruhen lassen. Der Teig sollte nach der Stockgare noch nicht zu stark gären, sonst lässt er sich nicht mehr gut formen.

**Arbeitszeit: 10–15 Minuten**
**Reifezeit: 10–15 Minuten**

*Tipp*

Das Brot ist auch für diejenigen geeignet, die Probleme mit Vollkornbroten haben, da es besser verträglich ist.

BACKTAG

| | |
|---|---|
| 08:25 | *Teigling formen plus Stückgare*<br>Nach der Stockgare den Teig auf die bemehlte Arbeitsfläche geben. Rund wirken und mit dem Schluss nach oben in ein leicht bemehltes Gärkörbchen legen. (Alternativ lang wirken und mit dem Schluss nach unten in eine gefettete Kastenform legen.) Den Teigling dann bei 24–26 °C 90 Minuten (bei Hefezugabe etwa 65 Minuten) reifen lassen.<br><br>**Arbeitszeit: 10 Minuten**<br>**Reifezeit: 65–90 Minuten** |
| 09:00 | *Ofen vorheizen*<br>30–40 Minuten vor dem Backen den Backofen (mit Backstein) auf 240 °C (Ober-/Unterhitze) vorheizen. |
| 11:30 | *Einschießen*<br>Den gereiften Teigling auf den Einschießer wenden und überschüssiges Mehl abbürsten. Mit Wasser besprühen oder abstreichen und einmal längs einschneiden. (Wenn der Teigling in der Kastenform gereift ist, mit Wasser besprühen und dann mit der Stipprolle darüberfahren.) Den Teigling dann in den Ofen einschießen. Mit 50 g Wasser schwaden und die Temperatur auf 210 °C reduzieren. Den Dampf nach 2–3 Minuten ablassen und das Brot in 55–60 Minuten abbacken.<br><br>**Arbeitszeit: 5 Minuten**<br>**Backzeit: 55–60 Minuten** |
| 10:30 | Das fertige Brot aus dem Ofen nehmen und gut auskühlen lassen. |

# SIEGERLÄNDER KRUSTE
## *Roggenmischbrot 70/30*

Die Siegerländer Kruste ist ein rustikales Roggenmischbrot, das auch heute noch weitverbreitet gebacken wird. Sein intensivstes Aroma bekommt das Brot, wenn es traditionell mit einer Zwei- oder Dreistufen-Sauerteigführung ohne Zugabe von Frischhefe gebacken wird. Die Aufarbeitung und die Art des Backens ergibt ein rustikales Brot, das zum Siegerland passt. Der Aufwand lohnt sich!

Für 1 Brot (Gärkörbchen oder Einschießer, Teigeinwaage ca. 1130 g)
Teigtemperatur nach dem Kneten: 27–28 °C

VORTAG *Sauerteig ansetzen (Zweistufenführung; Einstufenführung siehe Seite 163)*

**16:00** *Grundsauer (1. Stufe)*

- 60 g warmes Wasser (40 °C)
- 95 g Roggenvollkornmehl
- 5 g Sauerteiganstellgut

Die Zutaten gut verrühren und bei 24 °C abgedeckt 12–15 Stunden reifen lassen.

**Arbeitszeit: 5 Minuten**
**Reifezeit: 12–15 Stunden**

BACKTAG

**06:00** *Vollsauer ansetzen (2. Stufe)*

- 140 g warmes Wasser (45 °C)
- 140 g Roggenmehl Type 1150
- reifer Grundsauer

Nach der Reifezeit das Wasser und das Mehl zum Grundsauer geben und alles verrühren. Bei 28–30 °C abgedeckt 3 Stunden reifen lassen.

**Arbeitszeit: 5 Minuten**
**Reifezeit: 3 Stunden**

**09:00** *Hauptteig herstellen plus Stockgare*

- 245 g warmes Wasser (40 °C)
- reifer Sauerteig
- 225 g Roggenmehl Type 1150
- 195 g Weizenmehl Type 1050
- 14 g Salz
- 15 g inaktives Malzextrakt
- 7 g Frischhefe (optional)

Nach der Reifezeit des Sauerteigs die Zutaten für den Hauptteig in die Knet-/Küchenmaschine geben. In 8–10 Minuten langsam zu einem glatten Teig verkneten, die Teigtemperatur sollte 28–30 °C betragen. Den Teig dann abgedeckt bei Raumtemperatur 20–30 Minuten ruhen lassen.

**Arbeitszeit: 10–15 Minuten**
**Reifezeit: 20–30 Minuten**

*Alternativ zur Zweistufenführung: einstufig geführter Sauerteig*

- 200 g lauwarmes Wasser (45 °C)
- 225 g Roggenvollkornmehl
- 15 g Sauerteiganstellgut

Die Zutaten gut verrühren und bei Raumtemperatur abgedeckt 12–16 Stunden reifen lassen. Danach den Hauptteig herstellen.

## BACKTAG

09:40 *Teigling formen plus Stückgare*

Nach der Stockgare den Teig auf die bemehlte Arbeitsfläche geben und rund wirken. Die Oberfläche gut bemehlen und den Teigling mit dem Schluss nach unten auf den mit Backpapier belegten Einschießer setzen. Den Teigling nicht abdecken und bei Raumtemperatur 70–90 Minuten (bei Hefezugabe 60 Minuten) reifen lassen. Das Brot ist dann reif, wenn es auf der Oberfläche breite Risse aufweist. (Alternativ kann das Brot auch in einem bemehlten Gärkörbchen reifen. Dann das Brot vor dem Backen auf den Einschießer lupfen und mit Wasser bestreichen.)

**Arbeitszeit: 5–10 Minuten**
**Reifezeit: 60–90 Minuten**

10:40 *Ofen vorheizen*

30–40 Minuten vor dem Backen den Backofen (mit Backstein) auf 250 °C (Ober-/Unterhitze) vorheizen.

11:10 *Einschießen*

Den gereiften Teigling in den Ofen einschießen und 1 ½–2 Minuten ohne Schwaden backen. Dann mit 50 g Wasser schwaden und die Temperatur auf 210 °C reduzieren. Den Dampf nach 10 Minuten ablassen. Das Brot in insgesamt 50 Minuten dunkel abbacken.

**Arbeitszeit: 5 Minuten**
**Backzeit: 50 Minuten**

12:00 Das Brot aus dem Ofen nehmen und abkühlen lassen.

# FRANKENLAIB

*Roggenmischbrot 80/20*

# DOPPELBACK
*Roggenmischbrot 80/20*

# FRANKENLAIB

## *Roggenmischbrot 80/20*

Ein sehr traditionelles Brot aus dem Frankenland ist der Frankenlaib. Viele Bäckereien haben ihn täglich im Angebot, teilweise mit bis zu 4,5 Kilogramm Brotgewicht, oftmals im Steinbackofen gebacken. Ebenfalls ganz traditionell: Dieses Brot wird mit einem dreistufig geführten Sauerteig hergestellt, der für die besonderen Aromen sorgt – und für eine lange Frischhaltung, problemlos über 1 Woche. Eine Frischhefezugabe ist nicht nötig und sollte nur erfolgen, wenn Sie sich nicht sicher sind, ob Ihr Sauerteig triebfähig genug ist.

Für 1 Brot (rundes Gärkörbchen für 1,5 kg Teig, Teigeinwaage ca. 1600 g)
Teigtemperatur nach dem Kneten: 28–29 °C

VORTAG *Sauerteig ansetzen (Dreistufenführung; Einstufenführung siehe Seite 167)*

15:00 *Anfrischsauer (1. Stufe)*

- 10 g warmes Wasser (40 °C)
- 4 g Sauerteiganstellgut
- 10 g Roggenmehl Type 1150

Die Zutaten gut vermischen und bei 26 °C abgedeckt etwa 4 Stunden reifen lassen.

**Arbeitszeit: 5 Minuten**
**Reifezeit: 4 Stunden**

19:00 *Grundsauer ansetzen (2. Stufe)*

- 55 g warmes Wasser (40 °C)
- 90 g Roggenmehl Type 1150
- reifer Anfrischsauer

Nach der Reifezeit das Wasser und das Mehl zum Anfrischsauer geben und alles verrühren. Bei 24 °C abgedeckt 12–16 Stunden reifen lassen.

**Arbeitszeit: 5 Minuten**
**Reifezeit: 12–16 Stunden**

BACKTAG

08:00 *Vollsauer ansetzen (3. Stufe)*

- 245 g warmes Wasser (45 °C)
- 245 g Roggenmehl Type 1150
- reifer Grundsauer

Nach der Reifezeit des Grundsauers das Wasser und das Mehl zum Sauerteigansatz geben und alles verrühren. Bei 28 °C abgedeckt 3–4 Stunden reifen lassen (nur bei Dreistufenführung).

**Arbeitszeit: 5 Minuten**
**Reifezeit: 3–4 Stunden**

11:00 *Hauptteig herstellen plus Stockgare*

- 350 g warmes Wasser (45 °C)
- reifer Sauerteig
- 385 g Roggenmehl Type 1150
- 180 g Weizenmehl Type 1050
- 18 g Salz
- 3 g Brotgewürz (Fenchel, Anis, Kümmel)
- 7 g Frischhefe (optional)

Nach der Reifezeit des Sauerteigs die Zutaten für den Hauptteig in die Knet-/Küchenmaschine geben. In 8–10 Minuten zu einem glatten, gut vermischten Teig verkneten, dabei eventuell an der Schüsselwand anhaftende Teigreste mit dem Silikonschaber lösen. Den Teig dann abgedeckt bei Raumtemperatur 30 Minuten reifen lassen.

**Arbeitszeit: 15 Minuten**
**Reifezeit: 30 Minuten**

*Alternativ zur Dreistufenführung: einstufig geführter Sauerteig*

- 300 g warmes Wasser (45 °C)
- 330 g Roggenmehl Type 1150
- 30 g Sauerteiganstellgut

Die Zutaten gut verrühren und bei 28 °C abgedeckt 10–14 Stunden reifen lassen. Danach den Hauptteig herstellen.

## BACKTAG

**11:45** *Teigling formen plus Stückgare*

Nach der Stockgare den Teig auf die gut bemehlte Arbeitsfläche geben und rund wirken. Dann mit dem Schluss nach unten in ein Gärkörbchen legen und die Teigoberfläche gut bemehlen. Den Teigling ohne Abdeckung bei 26–28 °C etwa 50–70 Minuten reifen lassen. Sobald sich erste Risse auf der Oberfläche zeigen, mit der Hand oder der Mehlbürste das Mehl noch einmal etwas in die Risse streichen. Das Brot ist reif, wenn die Risse wieder deutlich zu sehen sind und etwa 3–5 mm breit sind.

Arbeitszeit: 10 Minuten
Reifezeit: 50–70 Minuten

**12:30** *Ofen vorheizen*

30–40 Minuten vor dem Backen den Backofen (mit Backstein) auf 250 °C (Ober-/Unterhitze) vorheizen.

**13:00** *Einschießen*

Den gereiften Teigling mit einer raschen Bewegung aus dem Gärkörbchen auf den Einschießer lupfen (siehe Bild). (Wer sich das nicht zutraut, sollte den Teigling aus dem Korb auf den Einschießer wenden.) Dann in den Ofen einschießen. Nach 1–2 Minuten mit 40 g Wasser schwaden und die Temperatur auf 210 °C reduzieren. Das Brot in 60–65 Minuten kräftig ausbacken.

Arbeitszeit: 5 Minuten
Reifezeit: 60–65 Minuten

**14:00** Das fertige Brot aus dem Ofen nehmen und gut abkühlen lassen.

# DOPPELBACK
## *Roggenmischbrot 80/20*

Wenn es neben dem Münsterländer Bauernstuten ein Brot gibt, das in Westfalen von nahezu jeder Bäckerei angeboten wird, dann ist es das Doppelback. Seine Besonderheit ist eine besonders aromatische Krume, die namensgebend durch doppeltes Backen entsteht: Das fertige Brot wird nach dem Backen aus der Form gelöst und kommt nach kurzem Abkühlen für weitere 10 Minuten in den Ofen. Für eine authentische Brotoptik benötigen Sie einen Holzbackrahmen, aber auch in einer Kastenform gelingt dieses Brot sehr gut.

Für 1 Brot (Holzbackform oder Kastenform für 1 –1,5 kg Teig, Teigeinwaage ca. 1100 g bzw. 1600 g)
Teigtemperatur nach dem Kneten: 28–29 °C

VORTAG

**17:00**

*Teigeinwaage 1100 g*

*Grundsauer (1. Stufe)*

- 75 g warmes Wasser (45 °C)
- 95 g Roggenvollkornmehl
- 5 g Sauerteiganstellgut

*Teigeinwaage 1600 g*

*Grundsauer (1. Stufe)*

- 110 g warmes Wasser (45 °C)
- 140 g Roggenvollkornmehl
- 10 g Sauerteiganstellgut

Die Zutaten gut verrühren und bei 24 °C abgedeckt 12–16 Stunden reifen lassen.

**Arbeitszeit: 5 Minuten | Reifezeit: 12–16 Stunden**

BACKTAG

**06:00**

*Vollsauer ansetzen (2. Stufe)*

- 140 g warmese Wasser (45 °C)
- 140 g Roggenvollkornmehl
- reifer Grundsauer

*Vollsauer ansetzen (2. Stufe)*

- 210 g warmese Wasser (45 °C)
- 210 g Roggenvollkornmehl
- reifer Grundsauer

Nach der Reifezeit das Wasser und das Mehl zum Grundsauer geben und alles verrühren. Bei 28–30 °C abgedeckt 3 Stunden reifen lassen (nur bei Zweistufenführung).

**Arbeitszeit: 5 Minuten | Reifezeit: 3 Stunden**

**09:00**

*Hauptteig herstellen plus Stockgare*

- 260 g warmes Wasser (45 °C)
- reifer Sauerteig
- 235 g Roggenmehl Type 1150
- 120 g Weizenmehl Type 1050
- 12 g Salz
- 15 g flüssiger Honig
- 5 g Frischhefe (optional)

*Hauptteig herstellen plus Stockgare*

- 360 g warmes Wasser (45 °C)
- reifer Sauerteig
- 350 g Roggenmehl Type 1150
- 175 g Weizenmehl Type 1050
- 19 g Salz
- 20 g flüssiger Honig
- 8 g Frischhefe (optional)

Nach der Reifezeit des Sauerteigs die Zutaten für den Hauptteig in die Knet-/Küchenmaschine geben. In 8–10 Minuten langsam zu einem glatten, homogenen Teig verkneten, dabei eventuell an der Schüsselwand anhaftende Teigreste zwischendurch mit einem Silikonschaber lösen. Den Teig dann abgedeckt bei Raumtemperatur 20 Minuten ruhen lassen.

**Arbeitszeit: 15 Minuten | Reifezeit: 20 Minuten**

*Alternativ zur Zweistufenführung: einstufig geführter Sauerteig*

- 205 g (310 g) warmes Wasser (45 °C)
- 230 g (340 g) Roggenvollkornmehl
- 20 g (30 g) Sauerteiganstellgut

Die Zutaten gut verrühren und bei 26–28 °C abgedeckt 12–16 Stunden reifen lassen. Danach den Hauptteig herstellen. (Die Angaben in Klammer beziehen sich auf ein Brot mit der Teigeinwaage von 1600 g.)

BACKTAG

09:30 *Teigling formen plus Stückgare*

Nach der Stockgare die Backform einfetten oder einölen. Den Teig aus der Knetschüssel mit einem Silikonschaber und einem großen Löffel in die Form füllen, dabei die Oberfläche des Teigs mit dem angefeuchteten Silikonschaber immer wieder glatt streichen. Dann bei 24–26 °C leicht abgedeckt 70–90 Minuten reifen lassen. Die Oberfläche sollte feucht bleiben, damit sie nicht einreißt.

**Arbeitszeit: 5 Minuten**
**Reifezeit: 70–90 Minuten**

10:00 *Ofen vorheizen*

30–40 Minuten vor dem Backen den Backofen (mit Backstein) auf 240 °C (Ober-/Unterhitze) vorheizen.

10:45 *Einschießen*

Sobald der Teig fast bis zum Rand der Form aufgegangen ist, mit einer Stipprolle über die Oberfläche rollen und den Teigling mit Wasser besprühen. Anschließend ohne Schwaden in den Ofen einschießen und die Backtemperatur auf 210 °C reduzieren. Das Brot in 50 Minuten (60 Minuten bei 1,5 kg) abbacken.

11:35 Danach aus dem Ofen nehmen, aus der Backform lösen und etwa 30 Minuten abkühlen lassen. Dann erneut in den Ofen geben, mit 50 g Wasser schwaden und auf der Seite liegend bei 210 °C 10–15 Minuten nachbacken.

**Arbeitszeit: 10 Minuten**
**Ruhezeit: 30 Minuten**
**Backzeit: 50 (60) + 10–15 Minuten**

12:15 Das fertige Brot aus dem Ofen nehmen und gut abkühlen lassen.

# POMMERSCHES BRÜHBROT

*Roggenmischbrot 75/25*

# BERLINER LANDBROT

## *Roggenmischbrot 90/10*

# *Roggenmischbrot 75/25*

Dieses Brot ist eines der saftigsten Roggenmischbrote, das ich kenne. Möglich wird die hohe Krumensaftigkeit durch einen kleinen Kunstgriff: Ein Teil des Roggenmehls wird bereits vor dem Backen mit kochendem Wasser vermischt. Dadurch bindet die im Mehl befindliche Stärke deutlich mehr Wasser, als sie es bei Mischen mit normal temperiertem Wasser könnte. Durch Zugabe von geröstetem Altbrot und Roggenmalz erhalten Sie mit diesem Rezept ein dunkles Roggenmischbrot, das es wirklich in sich hat.

Für 1 Brot (Gärkörbchen oder Kastenform, Teigeinwaage ca. 1150 g)
Teigtemperatur nach dem Kneten: 27–28 °C

VORTAG *Sauerteig ansetzen (Zweistufenführung; Einstufenführung siehe Seite 173) plus Brühstück herstellen*

**17:00** *Grundsauer (1. Stufe)*

- 60 g warmes Wasser (40 °C)
- 90 g Roggenmehl Type 1370
- 5 g Sauerteiganstellgut

Die Zutaten gut verrühren und bei 24 °C abgedeckt 12–16 Stunden reifen lassen.

**Arbeitszeit: 5 Minuten**
**Reifezeit: 12–16 Stunden**

*Brühstück*

- 170 g siedendes Wasser
- 80 g Roggenmehl Type 1150
- 40 g altbackenes Brot, geröstet und gemahlen
- 12 g Salz

Die Zutaten für das Brühstück verrühren und dann gut abkühlen lassen. Das Brühstück hält sich bis zu 24 Stunden, wenn es gut abgedeckt ist.

BACKTAG

**06:00** *Vollsauer ansetzen (2. Stufe)*

- 140 g warmes Wasser (45 °C)
- 140 g Roggenmehl Type 1370
- reifer Grundsauer

Nach der Reifezeit das Wasser und das Mehl zum Grundsauer geben und alles verrühren. Bei 28–30 °C abgedeckt 3–4 Stunden reifen lassen.

**Arbeitszeit: 5 Minuten**
**Reifezeit: 3–4 Stunden**

**09:00** *Hauptteig herstellen plus Stockgare*

- 170 g Wasser
- reifer Sauerteig
- abgekühltes Brühstück
- 90 g Roggenmehl Type 1150
- 145 g Weizenmehl Type 812 oder Type 1050
- 10 g Roggen-Röstmalz
- 6 g Frischhefe (optional)

Nach der Reifezeit des Sauerteigs die Zutaten für den Hauptteig in die Knet-/Küchenmaschine geben und in 8–10 Minuten langsam zu einem bindigen, homogenen Teig verkneten. Diesen abgedeckt bei Raumtemperatur 20 Minuten reifen lassen.

**Arbeitszeit: 15 Minuten**
**Reifezeit: 20 Minuten**

*Alternativ zur Zweistufenführung: einstufig geführter Sauerteig*

- 190 g warmes Wasser (45 °C)
- 225 g Roggenmehl Type 1370
- 20 g Sauerteiganstellgut

Die Zutaten gut verrühren und bei 26–28 °C abgedeckt 10–14 Stunden reifen lassen. Danach den Hauptteig herstellen.

BACKTAG

09:25 *Teigling formen plus Stückgare*

Nach der Stockgare den Teig auf die bemehlte Arbeitsfläche geben und zu einem langen oder runden Brotlaib formen. Den Teigling mit dem Schluss nach oben in ein gut bemehltes Gärkörbchen legen und bei Raumtemperatur bis zu 80 Minuten (bei Hefezugabe bis zu 60 Minuten) reifen lassen.

**Arbeitszeit: 10 Minuten**
**Reifezeit: 60–80 Minuten**

09:55 *Ofen vorheizen*

30–40 Minuten vor dem Backen den Backofen (mit Backstein) auf 240 °C (Ober-/Unterhitze) vorheizen.

10:30 *Einschießen*

Den gereiften Teigling auf den Einschießer stürzen und entweder quer einschneiden oder stippen. In den Ofen einschießen und mit 40 g Wasser schwaden. Den Dampf nach 3 Minuten ablassen, die Temperatur auf 210 °C reduzieren und das Brot in 55 Minuten abbacken.

**Arbeitszeit: 5 Minuten**
**Backzeit: 55 Minuten**

11:25 Das fertige Brot aus dem Ofen nehmen und abkühlen lassen.

# BERLINER LANDBROT

## *Roggenmischbrot 90/10*

Das Berliner Landbrot ist ein rustikales Roggenmischbrot, dessen Besonderheit es ist, vor dem Backen aus dem Körbchen auf den Einschießer gelupft zu werden. Dies führt zu der speziellen Maserung der Kruste. Gewünscht ist auch ein kräftiges, dunkles Ausbacken, wodurch die außergewöhnlich würzigen Krustenaromen entstehen. Wer ein besonders gutes Aroma erreichen möchte, sollte den Sauerteig dreistufig führen und die Frischhefe weglassen.

Für 1 Brot (längliches Gärkörbchen, Teigeinwaage ca. 1160 g)
Teigtemperatur nach dem Kneten: 27–28 °C

VORTAG *Sauerteig ansetzen (Detmolder Dreistufenführung; Einstufenführung siehe Seite 175)*

**16:00** *Anfrischsauer (1. Stufe)*

- 15 g warmes Wasser (40 °C)
- 10 g Roggenmehl Type 1370
- 5 g Sauerteiganstellgut

Die Zutaten verrühren und bei 30 °C abgedeckt 3 Stunden reifen lassen.

**Arbeitszeit: 5 Minuten**
**Reifezeit: 3 Stunden**

**19:00** *Grundsauer ansetzen (2. Stufe)*

- 50 g Wasser
- 65 g Roggenmehl Type 1370
- reifer Anfrischsauer

Nach der Reifezeit das Wasser und das Mehl zum Anfrischsauer geben und alles verrühren. Bei 24–26 °C abgedeckt 12–14 Stunden reifen lassen.

**Arbeitszeit: 5 Minuten**
**Reifezeit: 12–14 Stunden**

BACKTAG

**7:00** *Vollsauer ansetzen (3. Stufe)*

- 165 g Wasser
- 160 g Roggenmehl Type 1370
- reifer Grundsauer

Nach der Reifezeit des Grundsauers das Wasser und das Mehl zum Sauerteigansatz geben und alles verrühren. Bei 30 °C abgedeckt 3 Stunden reifen lassen.

**Arbeitszeit: 5 Minuten**
**Reifezeit: 3 Stunden**

**10:00** *Hauptteig herstellen plus Stockgare*

- 260 g warmes Wasser (40 °C)
- reifer Sauerteig
- 350 g Roggenmehl Type 1370
- 65 g Weizenmehl Type 1050
- 14 g Salz
- 5 g Frischhefe (optional)

Nach der Reifezeit des Sauerteigs die Zutaten für den Hauptteig in die Knet-/Küchenmaschine geben. In 6–8 Minuten zu einem homogenen Teig verkneten, dabei eventuell an der Schüsselwand anhaftende Teigreste immer wieder lösen. Die Teigtemperatur sollte 27–28 °C betragen. Den Teig dann bei 25–28 °C abgedeckt 15–20 Minuten ruhen lassen.

**Arbeitszeit: 10 Minuten**
**Reifezeit: 15–20 Minuten**

*Alternativ zur Dreistufenführung: einstufig geführter Sauerteig*

- 225 g warmes Wasser (40 °C)
- 225 g Roggenmehl Type 1370
- 20 g Sauerteiganstellgut

Die Zutaten gut verrühren und abgedeckt bei Raumtemperatur 10–14 Stunden reifen lassen. Danach den Hauptteig herstellen.

BACKTAG

10:30 *Teigling formen plus Stückgare*

Nach der Stockgare den Teig auf die leicht bemehlte Arbeitsfläche geben. Zunächst zu einem länglichen Teigling formen, danach in Roggenmehl wälzen. Den Teigling dann mit dem Schluss nach unten in ein längliches Gärkörbchen legen und bei 26–28 °C abgedeckt etwa 60–70 Minuten (bei Hefezugabe 40–45 Minuten) reifen lassen. Bei Raumtemperatur können sich die Reifezeiten verlängern. Die Oberfläche des Teiglings sollte in dieser Zeit rustikal einreißen.

**Arbeitszeit: 5 Minuten**
**Reifezeit: 40–70 Minuten**

11:00 *Ofen vorheizen*

30–40 Minuten vor dem Backen den Backofen (mit Backstein) auf 250 °C (Ober-/Unterhitze) vorheizen.

11:30 *Einschießen*

Den gereiften Teigling mit einer raschen Bewegung aus dem Körbchen auf den Einschießer lupfen, sodass der Schluss wieder unten zu liegen kommt. (Wer sich das nicht zutraut, kippt den Teigling einfach auf den Einschießer, sodass der Schluss nach oben liegt.) Den Teigling in den Ofen einschießen und 1 Minute ohne Schwaden backen. Dann leicht mit 30–40 g Wasser schwaden. Nach 5 Minuten die Temperatur auf 210 °C reduzieren und das Brot in insgesamt 55 Minuten dunkelbraun abbacken.

**Arbeitszeit: 5 Minuten**
**Backzeit: 60 Minuten**

12:35 Das fertige Brot aus dem Ofen nehmen und abkühlen lassen.

# ROGGENBECK
## *Roggenbrot*

# SONNENBLUMEN-SCHROTBROT

*Roggenschrotbrot mit Sonnenblumenkernen*

ROGGENBECK

# Roggenbrot

**Dieses traditionsreiche Brot finden Sie auch heute noch in sehr vielen Bäckereien. Durch eine mehrstufige Sauerteigführung erreichen Sie bei diesem Brot ein besonders vielschichtiges Geschmacksspektrum. Sie können selbst bestimmen, wie mild oder säuerlich Ihr Brot später schmecken wird, je nachdem, wie warm Sie den Sauerteig führen. Das Rezept kann zudem weiter aromatisch verfeinert werden, indem Sie Gewürze wie gemahlenen Fenchel oder Kümmel zufügen.**

Für 1 Brot (Kastenform, Teigeinwaage ca. 1200 g)
Teigtemperatur nach dem Kneten: 28–29 °C

 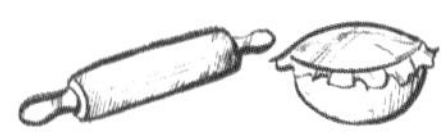

VORTAG *Sauerteig ansetzen (Zweistufenführung; Einstufenführung siehe Seite 179) plus Quellstück herstellen*

**16:00** *Grundsauer (1. Stufe)*

- 85 g warmes Wasser (40 °C)
- 105 g Roggenmehl Type 1370
- 5 g Sauerteiganstellgut

Die Zutaten gut verrühren und bei 20–24 °C abgedeckt 12–16 Stunden reifen lassen.

*Quellstück*

- 80 g Wasser
- 70 g Roggenschrot
- 14 g Salz

Außerdem die Zutaten für das Quellstück gut verrühren und zeitgleich abgedeckt bei Raumtemperatur bis zu 12–16 Stunden quellen lassen. (Kann auch erst zusammen mit dem Vollsauer angesetzt werden.)

**Arbeitszeit: 10 Minuten**
**Reifezeit: 12–16 Stunden**

BACKTAG

**06:00** *Vollsauer ansetzen (2. Stufe)*

- 155 g warmes Wasser (45 °C)
- 155 g Roggenmehl Type 1370
- reifer Grundsauer

Nach der Reifezeit das Wasser und das Mehl zum Grundsauer geben und gut verrühren. Bei 26–30 °C abgedeckt 3 Stunden reifen lassen.

**Arbeitszeit: 5 Minuten**
**Reifezeit: 3 Stunden**

**09:00** *Hauptteig herstellen plus Stockgare*

- 185 g warmes Wasser (45 °C)
- reifer Sauerteig
- vorbereitetes Quellstück
- 320 g Roggenmehl Type 1150
- 25 g Zuckerrübensirup, Honig oder Gerstenmalzextrakt
- 6 g Frischhefe (optional)

Nach der Reifezeit des Sauerteigs die Zutaten für den Hauptteig in die Knet-/Küchenmaschine geben. In 8–10 Minuten langsam zu einem Teig verkneten, dabei eventuell an der Schüsselwand anhaftende Teigreste mit dem Silikonschaber lösen. Die Teigtemperatur sollte 28–29 °C betragen. Den Teig dann abgedeckt bei Raumtemperatur 10–15 Minuten reifen lassen.

**Arbeitszeit: 5 Minuten**
**Reifezeit: 10–15 Minuten**

*Alternativ zur Zweistufenführung: einstufig geführter Sauerteig*

- 235 g warmes Wasser (45 °C)
- 255 g Roggenmehl Type 1370
- 15 g Sauerteiganstellgut

Die Zutaten gut verrühren und abgedeckt bei Raumtemperatur 12–16 Stunden reifen lassen. Danach den Hauptteig herstellen.

## BACKTAG

**09:30** *Teigling formen plus Stückgare*

Nach der Stockgare den Teig auf die bemehlte Arbeitsfläche geben. Die Oberfläche bemehlen und lang wirken. Den Teigling dann in Roggenmehl wälzen und mit dem Schluss nach unten in eine eingfettete Kastenfom legen. (Alternativ in die Kastenform geben und mit einem feuchten Teigschaber glatt ziehen.) Bei 26–28 °C abgedeckt 60–90 Minuten bis zur Vollgare aufgehen lassen.

**Arbeitszeit: 10 Minuten**
**Reifezeit: 60–90 Minuten**

**10:00** *Ofen vorheizen*

30–40 Minuten vor dem Backen den Backofen (mit Backstein) auf 250 °C (Ober-/Unterhitze) vorheizen.

**11:00** *Einschießen*

Den gereiften Teigling mit einem Mehlsieb bemehlen und gegebenenfalls ein Muster eindrücken. Dann in den Ofen einschießen und mit 40 g Wasser schwaden. Die Temperatur auf 215 °C reduzieren und das Brot in 55–60 Minuten abbacken.

**Arbeitszeit: 5 Minuten**
**Backzeit: 55–60 Minuten**

**12:00** Das fertige Brot aus dem Ofen nehmen und abkühlen lassen.

# SONNENBLUMEN-SCHROTBROT

## *Roggenschrotbrot mit Sonnenblumenkernen*

Klassische Roggenschrotbrote sind in Deutschland noch immer äußerst beliebt. Vor allem zu deftigen Belägen wie geräuchertem Schinken, kräftigen Würsten, aber auch einfach nur mit Frischkäse und Schnittlauch belegt sind sie ein Hochgenuss. Dieses Schrotbrot sollte mindestens 1 Tag auskühlen und dann in dünne Scheiben geschnitten werden, so entfaltet sich sein volles Aroma.

Für 1 Brot (Kastenform mit Deckel, Teigeinwaage ca. 1515 g)
Teigtemperatur nach dem Kneten: 28–29 °C

VORTAG *Sauerteig ansetzen (Einstufenführung) plus Quellstück herstellen*

**20:00** *Sauerteig*

- 220 g warmes Wasser (50 °C)
- 220 g Roggenschrot
- 20 g Sauerteiganstellgut

Die Zutaten gründlich vermischen und abgedeckt bei Raumtemperatur 12–16 Stunden reifen lassen.

*Quellstück*

- 285 g lauwarmes Wasser (30 °C)
- 150 g Roggenschrot
- 45 g altbackenes Brot, geröstet und gemahlen
- 15 g Salz

Außerdem die Zutaten für das Quellstück gut verrühren und zeitgleich abgedeckt bei Raumtemperatur 12–16 Stunden quellen lassen.

**Arbeitszeit: 10 Minuten**
**Reifezeit: 12–16 Stunden**

BACKTAG

**9:30** *Hauptteig herstellen*

- 80 g Sonnenblumenkerne
- 100 g warmes Wasser (40 °C)
- reifer Sauerteig
- vorbereitetes Quellstück
- 360 g Roggenschrot
- 20 g Zuckerrübensirup oder Malzextrakt
- 5 g Frischhefe (optional)

Am Backtag die Sonnenblumenkerne rösten und mindestens 30 Minuten abkühlen lassen.

Nach der Reifezeit des Sauerteigs die Zutaten für den Hauptteig in die Knet-/Küchenmaschine geben und in 10–15 Minuten langsam zu einem bindigen Teig verkneten. Je gröber das Schrot, desto länger beträgt die Knetzeit.

Ohne Stockgare direkt zum Formen übergehen.

**Arbeitszeit: 10–15 Minuten**
**Reifezeit: keine**

BACKTAG

**10:35** *Teigling formen plus Stückgare*

Den Teig sofort nach dem Kneten auf der bemehlten Arbeitsfläche lang wirken. Dann mit dem Schluss nach unten in eine eingefettete Kastenform geben und den Deckel auflegen. Den Teigling bei 26–28 °C so lange reifen lassen, bis er unter dem Rand der Form steht. Das kann bis zu 2 Stunden dauern, bei Hefezugabe weniger.

**Arbeitszeit: 5 Minuten**
**Reifezeit: bis zu 2 Stunden**

**11:30** 30–40 Minuten vor dem Backen den Backofen (mit Backstein) auf 220 °C (Ober-/Unterhitze) vorheizen.

**12:00** *Einschießen*

Den reifen Teigling in der Kastenform mit aufgelegtem Deckel in den Ofen einschießen und die Temperatur auf 190 °C reduzieren. Mit 40 g Wasser schwaden und das Brot mit aufliegendem Deckel in 80–90 Minuten abbacken.

**Arbeitszeit: 5 Minuten**
**Backzeit: 80–90 Minuten**

**13:30** Das fertige Brot aus dem Ofen nehmen und abkühlen lassen.

# KLEINGEBÄCK & *Brötchen*

# FRÄNKISCHE KIPF

## *Weizenmischbrötchen 95/5*

»Kipf« ist der fränkische Begriff für Brötchen. Im Frankenland werden diese üblicherweise spitz ausgeformt. Typisch ist die Zugabe von gemahlenem Kümmel zum Teig und das Aufstreuen von Kümmel auf die Kruste. Wer den Kümmel im Brot nicht so gerne mag, kann ihn einfach weglassen.

Für 9 Brötchen (Gewicht pro Teigling ca. 90 g)
Teigtemperatur nach dem Kneten: 24 °C

VORTAG

**07:00** *Sauerteig ansetzen (Einstufenführung)*

- 55 g Wasser
- 55 g Weizenmehl Type 1050
- 6 g Sauerteiganstellgut

Die Zutaten mischen und abgedeckt bei Raumtemperatur 10–14 Stunden reifen lassen.

Arbeitszeit: 5 Minuten
Reifezeit: 10–14 Stunden

**19:00** *Hauptteig herstellen plus Stockgare*

- 225 g Wasser
- reifer Sauerteig
- 365 g Weizenmehl Type 550
- 35 g Roggenmehl Type 1150
- 7 g Frischhefe
- 10 g Salz
- 10 g inaktives Gerstenmalz
- 10 g Butter
- 2 g gemahlener Kümmel

Nach der Reifezeit des Sauerteigs die Zutaten für den Hauptteig in die Knet-/Küchenmaschine geben und gut verkneten, bis der Teig glatt ist und sich von der Schüsselwand löst. Den Teig dann in eine eingeölte Teigwanne geben, einmal dehnen und falten und abgedeckt bei 5 °C im Kühlschrank 12–20 Stunden reifen lassen. (Alternativ den Teig abgedeckt bei Raumtemperatur 60–90 Minuten reifen lassen.)

Arbeitszeit: 10–15 Minuten
Reifezeit: 12–20 Stunden (60–90 Minuten)

1
2
3
4

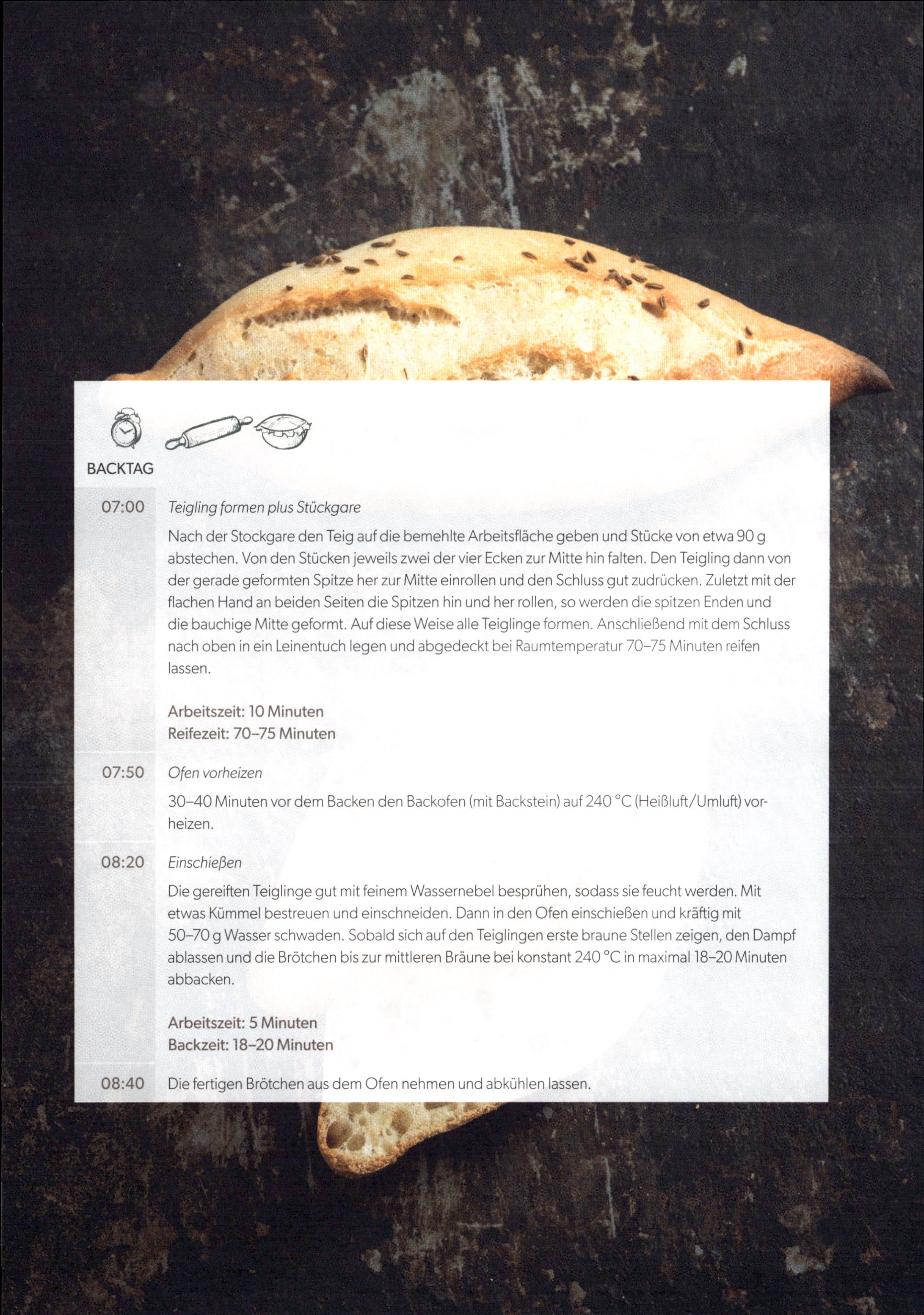

BACKTAG

07:00 *Teigling formen plus Stückgare*

Nach der Stockgare den Teig auf die bemehlte Arbeitsfläche geben und Stücke von etwa 90 g abstechen. Von den Stücken jeweils zwei der vier Ecken zur Mitte hin falten. Den Teigling dann von der gerade geformten Spitze her zur Mitte einrollen und den Schluss gut zudrücken. Zuletzt mit der flachen Hand an beiden Seiten die Spitzen hin und her rollen, so werden die spitzen Enden und die bauchige Mitte geformt. Auf diese Weise alle Teiglinge formen. Anschließend mit dem Schluss nach oben in ein Leinentuch legen und abgedeckt bei Raumtemperatur 70–75 Minuten reifen lassen.

**Arbeitszeit: 10 Minuten**
**Reifezeit: 70–75 Minuten**

07:50 *Ofen vorheizen*

30–40 Minuten vor dem Backen den Backofen (mit Backstein) auf 240 °C (Heißluft/Umluft) vorheizen.

08:20 *Einschießen*

Die gereiften Teiglinge gut mit feinem Wassernebel besprühen, sodass sie feucht werden. Mit etwas Kümmel bestreuen und einschneiden. Dann in den Ofen einschießen und kräftig mit 50–70 g Wasser schwaden. Sobald sich auf den Teiglingen erste braune Stellen zeigen, den Dampf ablassen und die Brötchen bis zur mittleren Bräune bei konstant 240 °C in maximal 18–20 Minuten abbacken.

**Arbeitszeit: 5 Minuten**
**Backzeit: 18–20 Minuten**

08:40 Die fertigen Brötchen aus dem Ofen nehmen und abkühlen lassen.

# ULMER LAUGENSPATZ

## *Weizen-Dinkel-Brötchen*

**Zünftiges Laugengebäck gehört zu einer bayerischen oder schwäbischen Brotzeit einfach dazu. Im Ulmer Raum und in Württemberg kennt man die sogenannten Laugenspatzen. Das sind kleine Laugenbrötchen, die in ihrer Form an ein Vögelchen erinnern. Sie sind eine Zierde für jeden Brotkorb. Wie so viele aufwendigere Backwaren sind sie heute in den Bäckereien selten geworden.**

Für 9 Laugenbrötchen (Gewicht pro Teigling ca. 85 g)
Teigtemperatur nach dem Kneten: 23–24 °C

VORTAG

**18:00** *Vorteig herstellen*

- 95 g Wasser
- 95 g Weizenmehl Type 550
- 0,1 g Frischhefe (reiskorngroßes Stück)

Die Zutaten gut verrühren und abgedeckt bei Raumtemperatur 10–14 Stunden reifen lassen.

**Arbeitszeit: 5 Minuten**
**Reifezeit: 10–14 Stunden**

BACKTAG

**06:00** *Hauptteig herstellen plus Stockgare*

- 160 g Vollmilch
- reifer Vorteig
- 280 g Weizenmehl Type 550
- 100 g Dinkelmehl Type 630
- 10 g Salz
- 8 g Frischhefe
- 30 g Schweineschmalz

Nach der Reifezeit des Vorteigs die Zutaten für den Hauptteig in die Knet-/Küchenmaschine geben. Zunächst alles 5–6 Minuten langsam, dann 2–3 Minuten auf zweiter Stufe verkneten, bis der Teig glatt und elastisch ist. Den Teig nun abgedeckt bei Raumtemperatur 60 Minuten reifen lassen.

**Arbeitszeit: 10 Minuten**
**Reifezeit: 60 Minuten**

*Für die Lauge*

- 750 g lauwarmes Wasser (30 °C)
- 30 g Laugenperlen (Natriumhydroxid, NaOH)

*Weitere Zutaten*

- Hagelsalz oder Sesamsamen zum Bestreuen

1
2
3
4
5
6

BACKTAG

07:15 *Teigling formen plus Stückgare*

Nach der Stockgare den Teig auf die Arbeitsfläche geben. Zunächst flach drücken, dann neun rechteckige Stücke von etwa 85 g abstechen. Die Teiglinge rund schleifen und 20 Minuten ruhen lassen. Anschließend die Teiglinge zu etwa 25–30 cm langen Strängen ausformen, die an einer Seite dicker sind als an der anderen. Jeweils einen einfachen Knoten in die Stränge schlagen und so auf ein mit Backpapier oder Dauerbackfolie bedecktes Backblech legen, dass das dicke Ende oben liegt und das dünne Ende unten. Die Teiglinge auf dem Blech abgedeckt bei Raumtemperatur 20 Minuten reifen lassen. Danach ohne Abdeckung für 60–90 Minuten bei 4–5 °C in den Kühlschrank stellen. Die Teiglinge sollen in dieser Zeit etwas verhauten und recht fest werden (»absteifen«).

**Arbeitszeit: 15 Minuten**
**Reifezeit: 20 + 20 + 60–90 Minuten**

08:30 *Ofen vorheizen und Lauge herstellen*

30–40 Minuten vor dem Backen den Backofen (mit Backstein) auf 220 °C (Heißluft/Umluft) vorheizen. Außerdem für die Lauge das Wasser in eine Edelstahl- oder Kunststoffschüssel geben. Die Laugenperlen in das Wasser streuen und vorsichtig umrühren, bis sie ganz aufgelöst sind. Entstehende Dämpfe nicht einatmen!

Wichtiger Sicherheitshinweis: Vorsicht, die entstehende vierprozentige Natronlauge ist gefährlich! Bitte immer Schutzhandschuhe, eine Schutzbrille und eine Schürze tragen. Die Lauge kann ungeeignete Materialien angreifen und kann zudem zu Hautverletzungen führen.

09:00 *Belaugen und Einschießen*

Am Ende der Stückgare die Arbeitsfläche mit einer Kunststofffolie abdecken. Die vorbereitete Schüssel mit der Lauge auf die Folie stellen. Die Spatzen einzeln mit beiden behandschuhten Händen vom Blech nehmen und 3–5 Sekunden in die Lauge tauchen. Danach auf das Blech mit Backpapier oder Dauerbackfolie legen und mit Hagelsalz oder Sesam bestreuen. Mit einer Schere das dicke Ende (den »Kopf« des Spatzen) horizontal und das dünne Ende (den »Schwanz«) vertikal einschneiden. Die Spatzen auf dem Blech in den Ofen einschießen und in etwa 15–18 Minuten abbacken. Dabei auf Sicht backen, damit sie nicht zu dunkel werden.

**Arbeitszeit: 10 Minuten**
**Backzeit: 15–18 Minuten**

09:25 Die fertigen Brötchen aus dem Ofen nehmen, für einen schönen Glanz mit Wasser besprühen und abkühlen lassen.

# *Weizenbrötchen*

Aus Österreich sind viele formschöne Kleingebäcke bekannt. Denken Sie nur an die handgeschlagene Kaisersemmel und eben auch an die Flesserl. Das sind traditionell handgeformte Einstrangzöpfe. Sie stammen ursprünglich aus Oberösterreich und sind dort bei fast jedem Bäcker im Sortiment. Durch den beim Backen röstenden Mohn entsteht ein Frühstücksbrötchen, das nicht nur besonders lecker, sondern auch ein optischer Hingucker ist.

Für 10 Brötchen (Gewicht pro Teigling ca. 90 g)
Teigtemperatur nach dem Kneten: 24 °C

VORTAG

18:00 *Vorteig herstellen*

- 125 g Weizenmehl Type 550
- 125 g Wasser
- 0,1 g Frischhefe (reiskorngroßes Stück)

Die Zutaten gut verrühren und bei Raumtemperatur 12–16 Stunden reifen lassen.

Arbeitszeit: 5 Minuten
Reifezeit: 12–16 Stunden

BACKTAG

07:00 *Hauptteig herstellen plus Stockgare*

- 165 g kaltes Wasser (10–12 °C)
- reifer Vorteig
- 375 g Weizenmehl Type 550
- 11 g Salz
- 10 g Gerstenmalz oder flüssiger Honig
- 10 g Butter
- 8 g Frischhefe

*Weitere Zutaten*

- Mohnsamen für die Kruste

Nach der Reifezeit des Vorteigs die Zutaten für den Hauptteig in die Knet-/Küchenmaschine geben. Zunächst alles 6 Minuten langsam, dann etwa 3–5 Minuten auf nächsthöherer Knetstufe verkneten, bis der Teig glatt ist. Die Teigtemperatur sollte 23–24 °C betragen. Den Teig nun abgedeckt bei Raumtemperatur 30–40 Minuten ruhen lassen.

Arbeitszeit: 15 Minuten
Reifezeit: 30–40 Minuten

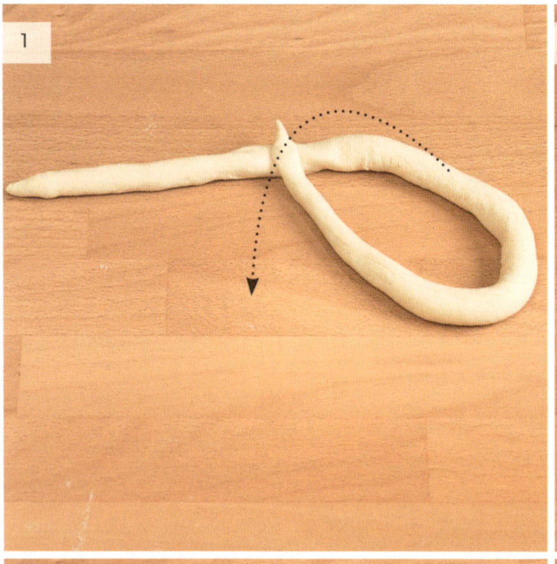
1
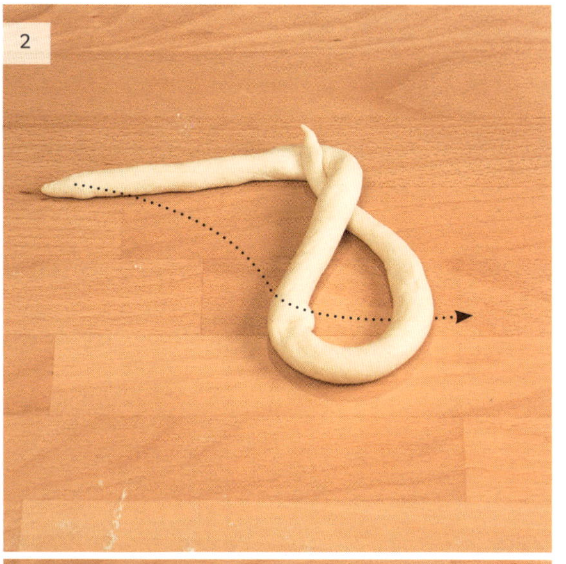
2

3

4

5

6

## BACKTAG

**07:55** *Teigling formen plus Stückgare*

Nach der Stockgare den Teig auf die bemehlte Arbeitsfläche geben. Zunächst in zehn Teiglinge von etwa 90 g teilen, dabei möglichst rechteckige Stücke abstechen. Daraus Stränge von 45–55 cm Länge formen und diese jeweils locker zu einem Einstrangzopf flechten (siehe Bilder). Die Teiglinge befeuchten und in eine Schale mit Mohn drücken. Mit der Mohnseite oben auf ein mit Backpapier belegtes Blech legen und abgedeckt bei Raumtemperatur etwa 50 Minuten reifen lassen.

**Arbeitszeit: 10 Minuten**
**Reifezeit: 50 Minuten**

**08:30** *Ofen vorheizen*

30–40 Minuten vor dem Backen den Backofen (mit Backstein) auf 240 °C (Heißluft/Umluft) vorheizen.

**09:00** *Einschießen*

Die gereiften Teiglinge auf dem Blech auf den Backstein im Ofen stellen und mit 70 g Wasser gut schwaden. Die Temperatur dann auf 230 °C reduzieren und die Flesserl in 15–18 Minuten abbacken.

**Arbeitszeit: 5 Minuten**
**Backzeit: 15–18 Minuten**

**09:30** Das Brot aus dem Ofen nehmen, mit einem Wassernebel besprühen und abkühlen lassen.

# BERLINER KNÜPPEL

*Weizenbrötchen*

# ST. GALLER BÜRLI

*Weizenbrötchen*

# BERLINER KNÜPPEL
## *Weizenbrötchen*

**Weiße Brötchen sind aus deutschen Bäckereien nicht wegzudenken, sie können getrost als das Baguette der Deutschen bezeichnet werden. In Berlin werden sie auf besondere Weise aufgearbeitet und heißen dann Knüppel. Hierbei wird der Teigling so geformt, dass sich ein prägnanter Teigschluss bildet. Die Brötchen werden mit dem Schluss nach oben gebacken, sodass dieser schön aufreißen kann.**

Für 9 Brötchen (Gewicht pro Teigling ca. 90–95 g)
Teigtemperatur nach dem Kneten: 24 °C

VORTAG

**18:00** *Vorteig herstellen*

- 0,3 g Frischhefe (erbsengroßes Stück)
- 100 g Wasser
- 100 g Weizenmehl Type 550

Die Hefe im Wasser auflösen. Dann das Mehl zugeben und alles vermengen. Abgedeckt bei Raumtemperatur 10–14 Stunden reifen lassen.

**Arbeitszeit: 5 Minuten**
**Reifezeit: 10–14 Stunden**

BACKTAG

**6:00** *Hauptteig herstellen plus Stockgare*

- 180 g kalte Vollmilch
- reifer Vorteig
- 390 g Weizenmehl Type 550
- 10 g Salz
- 10 g neutrales Pflanzenöl
- 10 g inaktives Gerstenmalz
- 7 g Frischhefe

Nach der Reifezeit des Vorteigs die Zutaten für den Hauptteig in die Knet-/Küchenmaschine geben. Zunächst alles 5 Minuten langsam, dann 3–4 Minuten auf nächsthöherer Stufe verkneten, bis der Teig glatt ist und sich von der Schüsselwand löst. Abgedeckt bei Raumtemperatur 60 Minuten reifen lassen.

**Arbeitszeit: 10 Minuten**
**Reifezeit: 60–75 Minuten**

1 2 3 4

BACKTAG

**07:15** *Teigling formen plus Stückgare*

Nach der Stockgare den Teig auf die Arbeitsfläche geben und in neun Teiglinge von 90–95 g teilen. Die Teiglinge rund schleifen und mit dem Schluss nach unten etwa 10 Minuten ruhen lassen.

Danach jeweils mit der Unterseite einmal in das Mehl auf der Arbeitsfläche drücken, wenden und mit der Handwurzel in der Mitte eine Vertiefung eindrücken. Mit den Fingern eine Teighälfte über die andere falten und die entstandenen ovalen Teiglinge mit der flach gehaltenen Hand länglich rollen, der Schluss sollte sich dabei etwas verschließen. Die Teiglinge dann mit dem Schluss nach unten in ein Leinentuch legen und mit einem Tuch abgedeckt bei Raumtemperatur 60 Minuten reifen lassen.

**Arbeitszeit: 10 Minuten**
**Reifezeit: 10 + 60 Minuten**

**08:00** *Ofen vorheizen*

30–40 Minuten vor dem Backen den Backofen (mit Backstein) auf 240 °C (Heißluft/Umluft) vorheizen.

**08:30** *Einschießen*

Die gereiften Teiglinge auf den Einschießer wenden, sodass der Schluss nach oben zu liegen kommt. Dann in den Ofen einschießen und sofort mit 50 g Wasser schwaden. Die Temperatur konstant auf 240 °C belassen und die Brötchen in 17–20 Minuten abbacken.

**Arbeitszeit: 5 Minuten**
**Backzeit: 17–20 Minuten**

**08:50** Die fertigen Brötchen aus dem Ofen nehmen und abkühlen lassen.

# ST. GALLER BÜRLI
## *Weizenbrötchen*

**Bürli sind eine klassische Schweizer Brötchenspezialität, die sich durch eine besonders rösche Kruste, großartige Röstaromen und eine dennoch weiche Krume auszeichnet. Dies wird durch einen außergewöhnlich hohen Wasseranteil im Teig erreicht, durch lange Reifezeiten sowie durch eine spezielle Aufarbeitung. Dem Schweizer Halbweißmehl entspricht am ehesten das deutsche Weizenmehl Type 812, wobei dieses unter Umständen nicht so viel Wasser binden kann. Alternativ können Sie Ruchmehl mit Weizenmehl Type 550 in gleichen Verhältnissen mischen.**

Für 9 Bürli (Gewicht pro Teigling ca. 125–135 g)
Teigtemperatur nach dem Kneten: 24–25 °C

VORTAG

**08:00** *Vorteig herstellen (alter Teig)*

- 130 g handwarmes Wasser
- 160 g Weizenmehl Type 812
- 4 g Salz
- 3 g Frischhefe

Die Zutaten mit der Knet-/Küchenmaschine ausgiebig und lange verkneten, bis der Teig gut ausgeknetet ist. Den Teig abgedeckt bei Raumtemperatur zunächst 60 Minuten ruhen lassen, danach abgedeckt für 20–24 Stunden bei 5 °C in den Kühlschrank stellen.

**Arbeitszeit: 10 Minuten**
**Reifezeit: 1 Stunde + 20–24 Stunden**

BACKTAG

**08:00** *Autolyseteig herstellen*

- 490 g Weizenmehl Type 812
- 340 g kühlschrankkaltes Wasser (5 °C)

Für den Autolyseteig das Mehl und das Wasser in der Knet-/Küchenmaschine so lange mischen, bis keine »Mehlnester« mehr vorhanden sind. Den Teig dann abgedeckt bei Raumtemperatur 30 Minuten ruhen lassen.

**08:30** *Hauptteig herstellen plus Stockgare*

- kalter, reifer Vorteig
- 13 g Salz
- 6 g Frischhefe
- geruhter Autolyseteig
- 60–100 g kaltes Wasser

(Das Kneten kann bis zu 20 Minuten oder länger dauern, deshalb möglichst kaltes Wasser verwenden, sonst wird der Teig zu warm.)

Nach der Reifezeit des Vorteigs diesen sowie das Salz und die Hefe zum Autolyseteig geben. Alles mit der Knet-/Küchenmaschine so lange auf langsamster Stufe verkneten (Knet- oder Flachschlägerhaken), bis sich der Teig fast vollständig von der Schüsselwand löst. Dann die Knetgeschwindigkeit erhöhen und beginnen, portionsweise das Wasser beizumischen, dabei immer wieder warten, bis der Teig die zugegebene Wassermenge vollständig gebunden hat. Sobald die volle Flüssigkeitsmenge im Teig gebunden ist, den Teig in eine eingeölte Teigwanne geben und bei Raumtemperatur abgedeckt etwa 3 Stunden reifen lassen. Den Teig dabei mehrfach dehnen und falten.

**Arbeitszeit: 5 + 20–25 Minuten**
**Reifezeit: 30 Minuten + 3 Stunden**

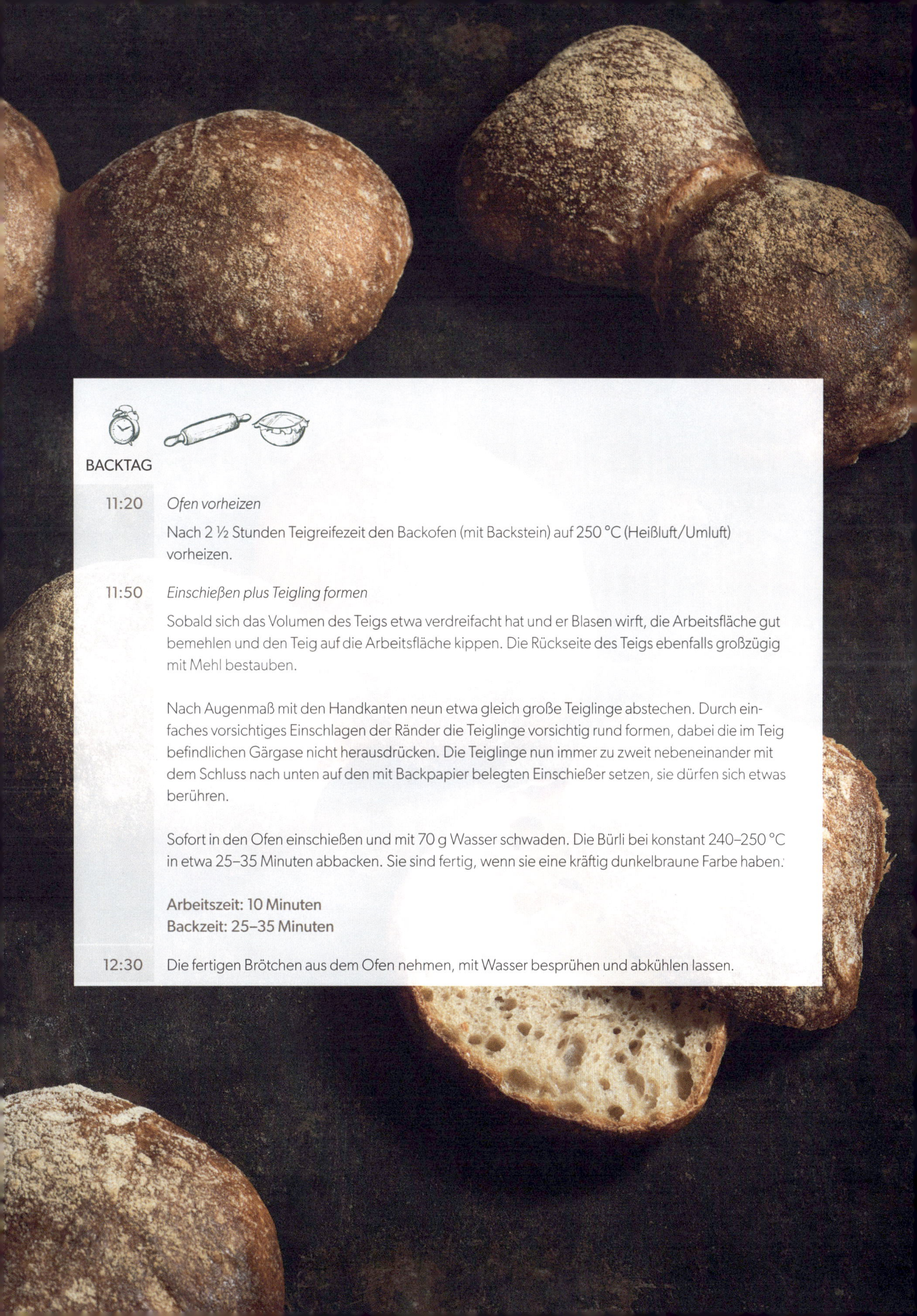

BACKTAG

**11:20** *Ofen vorheizen*

Nach 2 ½ Stunden Teigreifezeit den Backofen (mit Backstein) auf 250 °C (Heißluft/Umluft) vorheizen.

**11:50** *Einschießen plus Teigling formen*

Sobald sich das Volumen des Teigs etwa verdreifacht hat und er Blasen wirft, die Arbeitsfläche gut bemehlen und den Teig auf die Arbeitsfläche kippen. Die Rückseite des Teigs ebenfalls großzügig mit Mehl bestauben.

Nach Augenmaß mit den Handkanten neun etwa gleich große Teiglinge abstechen. Durch einfaches vorsichtiges Einschlagen der Ränder die Teiglinge vorsichtig rund formen, dabei die im Teig befindlichen Gärgase nicht herausdrücken. Die Teiglinge nun immer zu zweit nebeneinander mit dem Schluss nach unten auf den mit Backpapier belegten Einschießer setzen, sie dürfen sich etwas berühren.

Sofort in den Ofen einschießen und mit 70 g Wasser schwaden. Die Bürli bei konstant 240–250 °C in etwa 25–35 Minuten abbacken. Sie sind fertig, wenn sie eine kräftig dunkelbraune Farbe haben.

**Arbeitszeit: 10 Minuten**
**Backzeit: 25–35 Minuten**

**12:30** Die fertigen Brötchen aus dem Ofen nehmen, mit Wasser besprühen und abkühlen lassen.

# *Weizenbrötchen*

Diese Brötchenspezialität stammt aus dem hohen Norden Deutschlands. Da ihre Herstellung etwas aufwendiger ist, findet man sie nicht mehr in vielen Bäckereien. Es handelt sich um ein süßes Milchbrötchen, dessen Besonderheit die Verwendung zweier unterschiedlich süßer Teige ist. Warum sie Campingwecken oder Campingbrötchen heißen, lässt sich nicht mehr ergründen. Dass sie ein sehr leckerer Genuss auch beim Camping sind, steht dagegen fest.

Für 9 Brötchen (Gewicht pro Teigling ca. 110 g)
Teigtemperatur nach dem Kneten: 24 °C

VORTAG

**16:00** *Hauptteig herstellen plus Stockgare*

- 185 g Vollmilch
- 100 g Naturjoghurt
- 50 g Ei (1 Ei Größe M)
- 500 g Weizenmehl Type 550
- 80 g Butter
- 10 g Salz
- 10 g Vanillezucker
- 8 g Frischhefe
- 100 g Hagelzucker

*Weitere Zutaten*

- 1 Eigelb, verquirlt, zum Bestreichen
- Hagelzucker zum Bestreuen

Für den Hauptteig alle Zutaten außer dem Hagelzucker in die Knet-/Küchenmaschine geben und verkneten, bis der Teig glatt ist und sich vollständig von der Schüsselwand löst. Den Teig dann in eine eingeölte Teigwanne geben und bei 5 °C im Kühlschrank 12–24 Stunden reifen lassen.

Arbeitszeit: 5–10 Minuten
Reifezeit: 12–24 Stunden

1

2

3

4

5

6

BACKTAG

**06:00** *Teigling formen plus Stückgare*

Nach der Reifezeit den Teig auf die bemehlte Arbeitsfläche geben und in zwei Stücke von jeweils etwa 450 g teilen. In einen der Teiglinge von Hand oder mit der Maschine den Hagelzucker einkneten. Aus dem Teig ohne Zuckerzugabe neun Teiglinge von 50 g abstechen und rund schleifen. Aus dem Teig mit Zucker neun Teiglinge von 60 g abstechen und rund wirken.

Die Teiglinge ohne Zucker zu flachen, runden Fladen ausrollen und jeweils einen Zuckerteigling darauflegen. Die Fladen jeweils um den Zuckerteigling herum zuklappen und die Ränder gut verschließen. Die Teiglinge mit dem Schluss nach unten auf ein mit Backpapier bedecktes Backblech legen und abgedeckt bei Raumtemperatur 45 Minuten reifen lassen. Dann mit dem verquirlten Eigelb bestreichen, mit Hagelzucker bestreuen und die Oberfläche einmal längs tief einschneiden. Die Teiglinge abgedeckt weitere 45 Minuten reifen lassen.

**Arbeitszeit: 15 Minuten**
**Reifezeit: 45 + 45 Minuten**

**07:45** *Ofen vorheizen*

30–40 Minuten vor dem Backen den Backofen (mit Backstein) auf 210 °C (Heißluft/Umluft) vorheizen.

**08:15** *Einschießen*

Sobald die Teiglinge vollreif sind, bei 210 °C (Heißluft/Umluft) in den Ofen einschießen und mit 50 g Wasser schwaden. Die Temperatur auf 190 °C reduzieren und die Brötchen in 20–25 Minuten abbacken. Der Zuckerteig sollte sich durch den Ofentrieb etwas aus seiner »Hülle« herausgedrückt haben.

**Arbeitszeit: 5 Minuten**
**Backzeit: 20–25 Minuten**

**08:40** Die fertigen Brötchen aus dem Ofen nehmen und abkühlen lassen.

# *Weizenbrioche mit Anisgeschmack*

Pinzen sind ein traditionelles steirisches Ostergebäck. Ursprünglich stammen sie aus dem italienischen Friaul und fanden über die damalige Grafschaft Görz im 19. Jahrhundert ihren Weg nach Österreich. Genauer gesagt nach Graz, das noch heute als Zentrum der Pinzenbäckerei bezeichnet wird. Sie wurden, ähnlich anderen Brauchtumsgebäcken, nach dem Ende der langen Fastenzeit von den gläubigen Christen mit besonderem Genuss verspeist.

Für 10 Stück (Gewicht pro Teigling ca. 105 g)
Teigtemperatur nach dem Kneten: 23–24 °C

VORTAG

**8:00** *Anismilch ansetzen*

- 4 g Anissamen, ganz leicht im Mörser angestoßen
- 270 g lauwarme Milch (30 °C)

Die Anissamen zur lauwarmen Milch geben, durchrühren und 3 Stunden ziehen lassen. Dann die Milch abseihen und den Anis entsorgen.

(Alternativ kann die Milch auch nach dem Mischen abgedeckt im Kühlschrank 10–14 Stunden durchziehen. Dann sollte sie vor dem nächsten Arbeitsschritt wieder etwas erwärmt werden.)

**Arbeitszeit: 5 Minuten**
**Reifezeit: 3 Stunden (10–14 Stunden)**

**11:00** *Vorteig herstellen (Dampfl)*

- 250 g Anismilch
- 250 g Weizenmehl Type 550
- 12 g Frischhefe

Wenn die Anismilch fertig ist, die Zutaten für den Vorteig in die Knet-/Küchenmaschine geben und gut verrühren. Abgedeckt bei Raumtemperatur 90–120 Minuten reifen lassen.

**Arbeitszeit: 5 Minuten**
**Reifezeit: 90–120 Minuten**

**12:30** *Hauptteig herstellen plus Stockgare*

- 80 g Eigelb (von 4 Eiern)
- reifer Vorteig
- 250 g Weizenmehl Type 550
- 120 g kalte Butter
- 8 g Salz
- Mark von ½ Vanilleschote
- 80 g Zucker

*Für die Eistreiche*

- 1 Eigelb
- 1 Prise Zucker

Nach der Reifezeit des Vorteigs das Eigelb, den Vorteig, das Mehl, 40 g Butter, das Salz und die Vanille in die Knetmaschine geben. Zunächst auf langsamer Stufe 6–8 Minuten verkneten, dann die Knetgeschwindigkeit erhöhen und löffel- bzw. stückweise den Zucker sowie die restliche Butter zugeben. Den Teig glatt auskneten und abgedeckt bei Raumtemperatur 60 Minuten reifen lassen.

**Arbeitszeit: 15 Minuten**
**Reifezeit: 60 Minuten**

1
2
3
4

BACKTAG

**13:45** *Teigling formen plus Stückgare*

Nach der Stockgare den Teig auf die bemehlte Arbeitsfläche geben und in zehn Stücke von etwa 105 g teilen. Die Teiglinge straff rund schleifen und mit dem Schluss nach oben in ein Leinentuch legen. Gut abgedeckt bei Raumtemperatur 70–75 Minuten reifen lassen.

**Arbeitszeit: 10 Minuten**
**Reifezeit: 70–75 Minuten**

**14:20** *Ofen vorheizen*

30–40 Minuten vor dem Backen den Backofen (mit Backstein) auf 200 °C (Heißluft/Umluft) vorheizen. Außerdem für die Eistreiche das Eigelb mit 1 EL Wasser und der Prise Zucker verrühren.

**15:00** *Einschießen*

Die gereiften Teiglinge auf ein Backblech wenden, gründlich mit der Eistreiche einpinseln und mit einer Schere jeden Teigling sternförmig dreimal tief einschneiden. Die Teiglinge auf dem Blech in den Ofen einschießen und mit 30 g Wasser schwaden. Die Temperatur auf 180–190 °C abfallen lassen und die Pinzen in etwa 15–18 Minuten goldgelb abbacken.

**Arbeitszeit: 10 Minuten**
**Backzeit: 15–18 Minuten**

**15:20** Die fertigen Brötchen aus dem Ofen nehmen, mit einem Wassernebel besprühen und abkühlen lassen.

# *Weizenbrötchen*

Dreierbrötchen heißen so, weil sie der Legende nach nur »einen Dreier« (Münze) kosteten und aufgrund der Formung dreiteilig aussahen. In alten Bäckerlehrbüchern werden sie auch als »Dresdener Schuster« bezeichnet. In den Erzählungen Karl Mays tauchen diese Brötchen ebenso auf wie in denen des Lügenbarons Freiherr von Münchhausen. Vereinzelt findet man sie noch in Bäckereien Sachsens, allerdings sind sie oft nicht mehr »so wie früher«. Dieses Rezept ist inspiriert von einem antiquarischen Lehrbuch für Bäcker aus den 1950er-Jahren.

Für 9 Brötchen (Gewicht pro Teigling ca. 90–95 g)
Teigtemperatur nach dem Kneten: 24 °C

VORTAG

18:00 *Vorteig herstellen*

- 50 g auf 20 °C temperiertes Wasser
- 50 g Roggenmehl Type 1150
- 0,1 g Frischhefe (reiskorngroßes Stück)

Die Zutaten gut vermengen und abgedeckt bei Raumtemperatur 10–14 Stunden reifen lassen.

Arbeitszeit: 5 Minuten
Reifezeit: 10–14 Stunden

BACKTAG

6:00 *Hauptteig herstellen plus Stockgare*

- 250 g kühles Wasser (10 °C)
- reifer Vorteig
- 460 g Weizenmehl Type 550
- 5 g aktives Gerstenmalz (optional)
- 8 g Frischhefe
- 11 g Salz

Nach der Reifezeit des Vorteigs die Zutaten für den Hauptteig in die Knet-/Küchenmaschine geben. Zunächst alles 4–5 Minuten langsam, dann 3–5 Minuten schnell verkneten, bis ein glatter und gut ausgekneteter Teig entstanden ist. Diesen abgedeckt bei Raumtemperatur 30 Minuten ruhen lassen.

Arbeitszeit: 10–15 Minuten
Reifezeit: 30 Minuten

1
2
3
4

## BACKTAG

**06:45** *Teigling formen plus Stückgare*

Nach der Stockgare den Teig auf die bemehlte Arbeitsfläche geben und in neun Stücke von etwa 90–95 g teilen. Die Teiglinge rund schleifen und auf der Arbeitsfläche abgedeckt etwa 15–20 Minuten ruhen lassen.

Danach die Oberseite bemehlen und mit einem dünnen Rollholz die Teiglinge an zwei Seiten tief eindrücken, dabei darauf achten, dass der Mittelteil dicker ausfällt als die beiden Seitenteile. Das Rollholz etwas hin und her rollen, um beim Backen einen schönen Ausbund zu erreichen. Die Teiglinge mit dem Schluss nach unten auf den Einschießer oder ein Lochblech setzen und abgedeckt weitere 50–60 Minuten reifen lassen.

**Arbeitszeit: 10 Minuten**
**Reifezeit: 15–20 + 50–60 Minuten**

**07:40** *Ofen vorheizen*

30–40 Minuten vor dem Backen den Backofen (mit Backstein) auf 240 °C (Heißluft/Umluft) vorheizen.

**08:10** *Einschießen*

Wenn die Teiglinge schön Volumen gewonnen haben, in den Ofen einschießen. Mit 60–70 g Wasser schwaden und bei konstant 240 °C in etwa 17–19 Minuten abbacken.

**Arbeitszeit: 5 Minuten**
**Backzeit: 17–19 Minuten**

**08:30** Die fertigen Brötchen aus dem Ofen nehmen, mit einem Wassernebel besprühen und abkühlen lassen.

# HAMBURGER FRANZBRÖTCHEN

## *Weizenbrötchen/Plunderteig*

Hamburger Franzbrötchen sind eine besondere Delikatesse aus Plunderteig. Woher sie ihren Namen haben, darüber ist sich die Fachwelt uneins. Die einen behaupten, die Brötchen seien von einem Bäcker namens Franz erfunden worden. Andere bringen den Namen damit in Verbindung, dass der Grundteig einem Croissant nicht unähnlich ist, und aus »Französisch« sei abgekürzt »Franz« geworden. Wie dem auch sei: Probieren Sie unbedingt dieses Rezept aus, Sie werden den Geschmack nie wieder vergessen.

Für 8–10 Brötchen
Teigtemperatur nach dem Kneten: 22–23 °C

VORTAG

**20:00** *Sauerteig ansetzen (Einstufenführung)*

- 30 g Weizenmehl Type 550
- 30 g warmes Wasser (45 °C)
- 3 g Sauerteiganstellgut

Die Zutaten verrühren und abgedeckt bei Raumtemperatur 10–14 Stunden reifen lassen.

Arbeitszeit: 5 Minuten
Reifezeit: 12–16 Stunden

BACKTAG

**08:00** *Hauptteig herstellen plus Stockgare*

- 125 g kalte Vollmilch
- reifer Sauerteig
- 170 g Weizenmehl Type 550
- 110 g Dinkelmehl Type 630
- 10 g Frischhefe
- 20 g Butter
- 15 g Zucker
- 6 g Salz

*Weitere Zutaten*

- 200 g kühlschrankkalte Butter für die Butterplatte
- Zimtzucker zum Bestreuen

Nach der Reifezeit des Sauerteigs die Zutaten für den Hauptteig in die Knet-/Küchenmaschine geben. Zunächst alles langsam bei Stufe eins, danach auf zweiter Stufe zu einem glatten und elastischen Teig verkneten. Den Teig dann abgedeckt im Kühlschrank 30 Minuten ruhen lassen.

Arbeitszeit: 10 Minuten
Reifezeit: 30 Minuten

### *Tipp*

Wenn Sie genug Sauerteiganstellgut im Kühlschrank aufbewahren, können sie auch dieses verwenden und damit einen Arbeitsschritt einsparen.

1

2

3

4

5

6

7
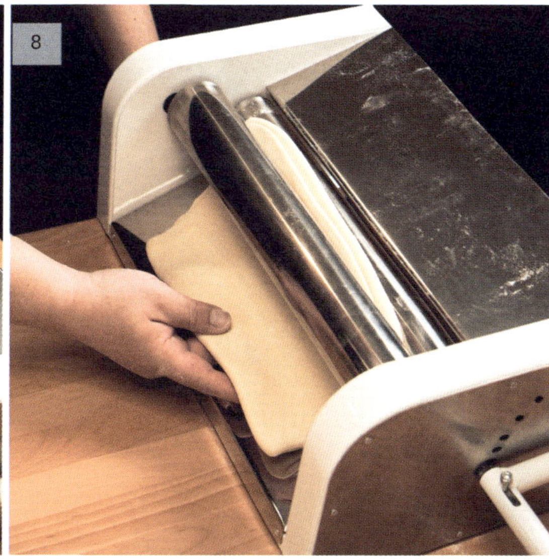
8

9

10

11

12

13

14

15

16

17

18

BACKTAG

08:15 *Butterplatte herstellen*

Für die Platte auf die Butter zwischen zwei Stücken Backpapier mit dem Rollholz gleichmäßig klopfen. Sobald sie plastischer geworden ist, zu einem Rechteck von etwa 1 cm Dicke ausrollen. Die Butterplatte danach wieder kühlen.

08:45 *Teig ausrollen plus touren (Fotos siehe Seite 216 ff.)*

Nach der Stockgare den Teig auf die bemehlte und am besten mit Kühlakkus vorgekühlte Arbeitsplatte geben und bei nicht zu warmer Raumtemperatur doppelt so groß ausrollen wie die Butterplatte. Die Butterplatte auf eine Hälfte des Teigs legen, die andere Hälfte bündig darüberfalten und die Ränder andrücken, überstehende Ränder sauber begradigen.

Mit dem Rollholz den Teig länglich bis zu einer Dicke von etwa 1 cm ausrollen. Dann wie einen Geschäftsbrief von der kurzen Seite her zu einem Drittel einfalten und die andere Seite darüberfalten (1. einfache Tour). Wenn der Teig noch schön elastisch ist, sofort erneut rechteckig bis zu einer Dicke von etwa 1 cm ausrollen und nochmals wie einen Geschäftsbrief falten (2. einfache Tour). Ansonsten den Teig vor der zweiten Tour noch einmal kühlen. Den Teig nach der zweiten Tour für 30–45 Minuten kalt stellen, sonst wird die Butter zu weich und die Schichten reißen.

Anschließend den gekühlten Teig rechteckig bis zu einer Dicke von 0,3–0,5 cm ausrollen. Sollte sich der Teig nicht gut bearbeiten lassen, erneut im Kühlschrank 15–30 Minuten ruhen lassen. Dann die Teigoberseite etwas mit Wasser bestreichen oder besprühen und großzügig mit Zimtzucker bestreuen. Den Teig von der langen Seite her mithilfe zweier Teigkarten oder von Hand vorsichtig straff zu einem Zylinder aufrollen. Der Schluss sollte oben oder seitlich zu liegen kommen. Mit einem scharfen Messer Teiglinge von 4 cm Breite vom Zylinder abschneiden und abgedeckt bei Raumtemperatur 90 Minuten reifen lassen.

**Arbeitszeit: 25 Minuten**
**Reifezeit: 30–60 Minuten**

09:45 *Ofen vorheizen*

30–40 Minuten vor dem Backen den Backofen (mit Backstein) auf 220 °C (Heißluft/Umluft) vorheizen.

10:15 *Einschießen*

Die gereiften Teiglinge mit einem dünnen Rollholz oder dem Stiel eines Kochlöffels mittig entlang der Querachse tief eindrücken, der Schluss bleibt dabei unten. Die Teiglinge einmal wenden und mit dem Schluss nach oben dann so auf ein mit Backpapier bedecktes Backblech legen, dass die schneckenartig aufgerollten Seiten nach oben zu liegen kommen. Die Teiglinge auf dem Blech in den Ofen einschießen und mit 30 g Wasser schwaden. Die Temperatur auf 200 °C reduzieren und die Brötchen in 16–18 Minuten abbacken.

**Arbeitszeit: 10 Minuten**
**Backzeit: 16–18 Minuten**

10:35 Die fertigen Franzbrötchen aus dem Ofen nehmen und abkühlen lassen.

# KIELER SEMMELN
*Weizenbrötchen*

# RHEINISCHE RÖGGELCHEN

*Weizenmischbrötchen 70/30*

# KIELER SEMMELN

## *Weizenbrötchen*

**Nur selten findet man heute im Norden noch klassische Kieler Semmeln ganz so wie früher. Die Herstellung ist nämlich für den Bäcker aufwendiger: Die geformten Teiglinge werden in einer Mischung aus Schweineschmalz, Salz und Zimt von Hand »aufgescheuert«, was die besonders charakteristische Kruste und den Geschmack dieser Brötchen hervorbringt. Viele »Nordlichter« kennen und lieben diese Spezialität aus ihrer Kindheit. Für eine mildere Variante bereiten Sie das Rezept mit einem Hefevorteig statt mit Sauerteig zu.**

Für 12 Brötchen (Gewicht pro Teigling ca. 85 g)
Teigtemperatur nach dem Kneten: 24 °C

VORTAG *Sauerteig (Vorteig) ansetzen (Einstufenführung)*

**20:00**

*Variante 1: Sauerteig (Einstufenführung)*

- 35 g Wasser
- 35 g Weizenmehl Type 812
- 3 g Sauerteiganstellgut

*Variante 2: Hefevorteig*

- 100 g Wasser
- 100 g Weizenmehl Type 812
- 0,1 g Frischhefe (erbsengroßes Stück)

Für den Sauerteig (Hefevorteig) die Zutaten gut verrühren und abgedeckt bei Raumtemperatur 10–14 Stunden reifen lassen. (**Tipp:** Wer reifes Sauerteiganstellgut in ausreichender Menge gelagert hat, kann zur Zeitersparnis auch dieses verwenden.)

**Arbeitszeit: 5 Minuten | Reifezeit: 10–14 Stunden**

BACKTAG *Hauptteig herstellen plus Stockgare*

**08:00**

*Variante 1*

- 300 g kaltes Wasser
- reifer Sauerteig
- 465 g Weizenmehl Type 812
- 50 g Milchpulver
- 11 g Salz
- 60 g Schweineschmalz
- 40 g Butter
- 7 g Frischhefe

*Variante 2*

- 230 g kaltes Wasser
- reifer Vorteig
- 400 g Weizenmehl Type 812
- 50 g Milchpulver
- 11 g Salz
- 60 g Schweineschmalz
- 40 g Butter
- 5 g Frischhefe

*Außerdem zum »Aufscheuern«*

- weiches Schweineschmalz (alternativ Butter oder Butterschmalz)
- Salz
- Zimtpulver

Nach der Reifezeit des Sauerteigs die Zutaten für den Hauptteig in die Knet-/Küchenmaschine geben. Zunächst alles 6–8 Minuten langsam, dann auf nächsthöherer Stufe 2 Minuten kneten, bis ein glatter Teig entstanden ist. Diesen abgedeckt 45–50 Minuten reifen lassen. (**Tipp:** Wer kein Milchpulver hat, kann im Hauptteig 200 g Wasser durch Milch ersetzen und das Pulver weglassen.)

**Arbeitszeit: 15 Minuten | Reifezeit: 45–50 Minuten**

BACKTAG

**07:15** *Teigling formen plus Stückgare*

Nach der Stockgare den Teig auf die bemehlte Arbeitsfläche geben. In zwölf Teiglinge von etwa 85 g teilen und die Teiglinge einzeln rund schleifen. Zunächst 10 Minuten entspannen lassen. Dann zum »Aufscheuern« Schweineschmalz, Salz und Zimtpulver mischen und nicht zu dick auf die Arbeitsfläche streichen. Die Teiglinge mit leichtem Druck darin wälzen, sodass sie leicht oval werden. Mit dem Schluss nach unten in ein bemehltes Leinentuch legen und abgedeckt bei Raumtemperatur 70–80 Minuten reifen lassen, bis sie fast Vollgare erreichen.

**Arbeitszeit: 15 Minuten**
**Reifezeit: 10 + 70–80 Minuten**

**08:15** *Ofen vorheizen*

30–40 Minuten vor dem Backen den Backofen (mit Backstein) auf 220 °C (Heißluft/Umluft) vorheizen.

**08:45** *Einschießen*

Die gereiften Teiglinge auf den Einschießer oder ein Lochblech legen und mit Wasser besprühen. In den Ofen einschießen und mit 70 g Wasser schwaden. Die Brötchen nun in 17–19 Minuten abbacken.

**Arbeitszeit: 5 Minuten**
**Backzeit: 17–19 Minuten**

**09:05** Die fertigen Brötchen aus dem Ofen nehmen und abkühlen lassen.

# RHEINISCHE RÖGGELCHEN

## *Weizenmischbrötchen 70/30*

**Röggelchen sind eine traditionelle Brötchenspezialität aus dem Rheinland. Es werden immer zwei Teiglinge aneinander angeschoben gebacken, sodass typische »Doppelbrötchen« entstehen. Berühmt ist das Röggelchen als Bestandteil des sogenannten Halve Hahns, der im Rheinland in den Gaststätten und Kneipen gereicht wird. Kein Geflügelgericht, sondern eine Brotzeit: Zu einem halben Röggelchen werden ein kräftiges Stück Käse, Senf, Butter, saure Gurke und etwas Zwiebel serviert. Dazu passt ein kühles Kölsch hervorragend.**

Für 9 Doppelbrötchen (Gewicht pro Teigling ca. 50 g)
Teigtemperatur nach dem Kneten: 24 °C

VORTAG

**18:00** *Vorteig herstellen*

- 135 g Weizenmehl Type 550
- 135 g Wasser
- 0,1 g Frischhefe (reiskorngroßes Stück)

Für den Vorteig die Zutaten gut verrühren und abgedeckt bei Raumtemperatur 10–14 Stunden reifen lassen.

**Arbeitszeit: 5 Minuten**
**Reifezeit: 10–14 Stunden**

BACKTAG

**10:00** *Hauptteig herstellen plus Stockgare*

- 210 g kaltes Wasser
- reifer Vorteig
- 240 g Weizenmehl Type 550
- 160 g Roggenmehl Type 1150
- 10 g inaktives Gerstenmalz (optional)
- 12 g Salz
- 7 g Frischhefe

*Weitere Zutaten*

- Speisestärke zum Wälzen

Nach der Reifezeit des Vorteigs die Zutaten für den Hauptteig in die Knet-/Küchenmaschine geben. Zunächst alles 4 Minuten langsam, dann 3–4 Minuten auf nächsthöherer Stufe verkneten, bis der Teig glatt ist und sich von der Schüsselwand löst. Den Teig nun abgedeckt bei Raumtemperatur 45 Minuten ruhen lassen.

**Arbeitszeit: 10 Minuten**
**Reifezeit: 45 Minuten**

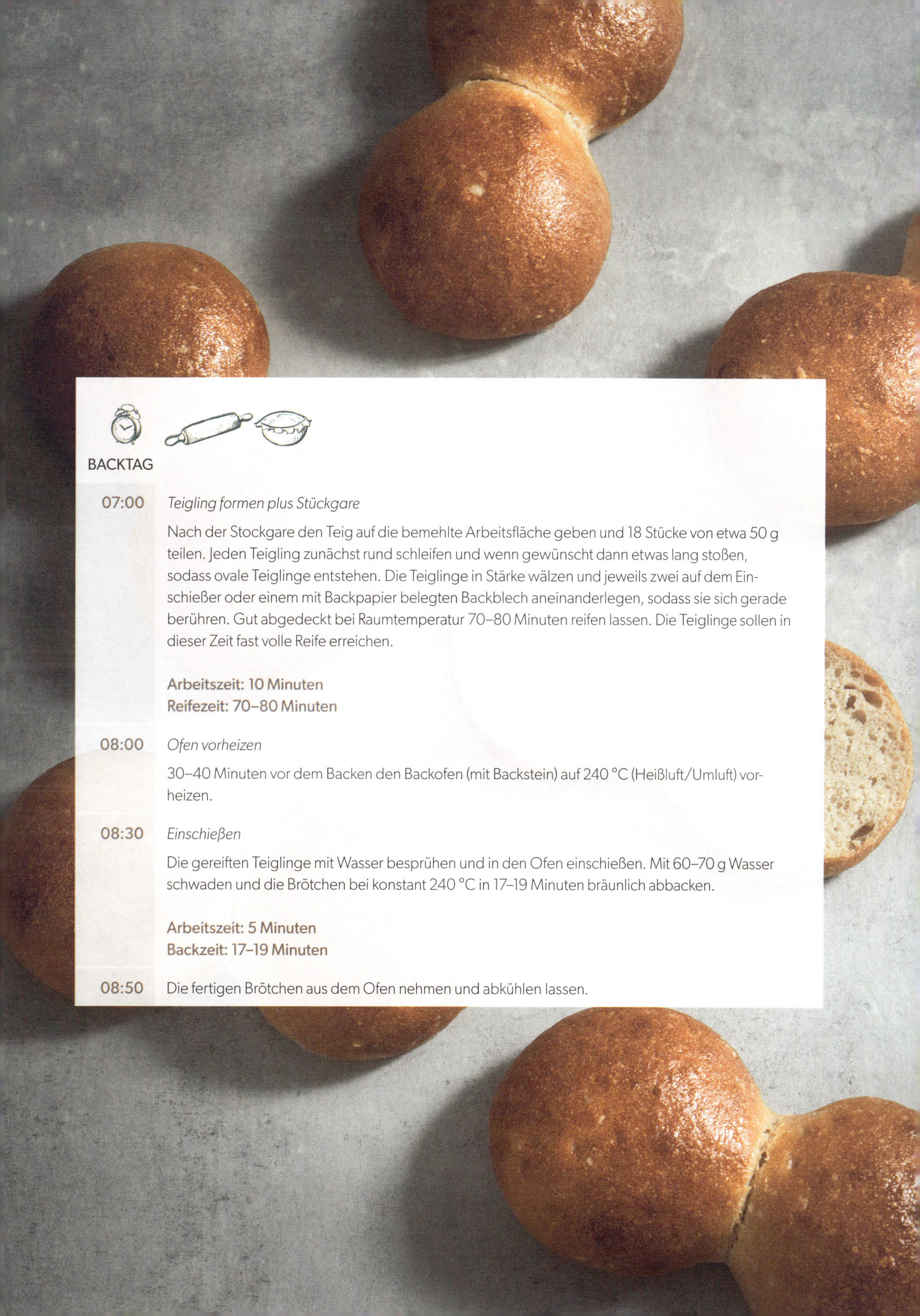

BACKTAG

07:00 *Teigling formen plus Stückgare*

Nach der Stockgare den Teig auf die bemehlte Arbeitsfläche geben und 18 Stücke von etwa 50 g teilen. Jeden Teigling zunächst rund schleifen und wenn gewünscht dann etwas lang stoßen, sodass ovale Teiglinge entstehen. Die Teiglinge in Stärke wälzen und jeweils zwei auf dem Einschießer oder einem mit Backpapier belegten Backblech aneinanderlegen, sodass sie sich gerade berühren. Gut abgedeckt bei Raumtemperatur 70–80 Minuten reifen lassen. Die Teiglinge sollen in dieser Zeit fast volle Reife erreichen.

**Arbeitszeit: 10 Minuten**
**Reifezeit: 70–80 Minuten**

08:00 *Ofen vorheizen*

30–40 Minuten vor dem Backen den Backofen (mit Backstein) auf 240 °C (Heißluft/Umluft) vorheizen.

08:30 *Einschießen*

Die gereiften Teiglinge mit Wasser besprühen und in den Ofen einschießen. Mit 60–70 g Wasser schwaden und die Brötchen bei konstant 240 °C in 17–19 Minuten bräunlich abbacken.

**Arbeitszeit: 5 Minuten**
**Backzeit: 17–19 Minuten**

08:50 Die fertigen Brötchen aus dem Ofen nehmen und abkühlen lassen.

# PFENNIGMUCKERL

*Weizenmischbrötchen 80/20*

# SCHUSTERJUNGS

*Weizenmischbrötchen 60/40*

# PFENNIGMUCKERL
## *Weizenmischbrötchen 80/20*

**Pfennigmuckerl waren früher bei einer deftigen Münchener Brotzeit nicht wegzudenken. Es handelt sich dabei um klassische »Zeilensemmeln«, wie sie auch in Sachsen und Thüringen bekannt sind. Die Teiglinge werden aneinander angeschoben gebacken, und zwar immer vier bis sechs Stück. Vor dem Servieren werden sie von der »Zeile« abgebrochen. Das dunklere Weizenmehl sorgt für ein rustikales Aroma. Wer es besonders würzig mag, gibt noch wie beschrieben gemahlenen Kümmel und Roggenmalz zum Teig.**

Für 10 Brötchen (Gewicht pro Teigling ca. 85 g)
Teigtemperatur nach dem Kneten: 24 °C

VORTAG *Sauerteig ansetzen (Einstufenführung) plus Vorteig herstellen*

**18:00** *Sauerteig*

- 70 g Wasser
- 70 g Roggenmehl Type 1150
- 4 g Sauerteiganstellgut

Die Zutaten für den Sauerteig gut verrühren und abgedeckt bei Raumtemperatur 10–14 Stunden reifen lassen.

Vorteig

- 70 g Wasser
- 70 g Weizenmehl Type 812
- 0,1 g Frischhefe (reiskorngroßes Stück)

Außerdem die Zutaten für den Vorteig gründlich vermengen und zeitgleich abgedeckt bei Raumtemperatur 10–14 Stunden reifen lassen.

**Arbeitszeit: 5 Minuten**
**Reifezeit: 10–14 Stunden**

BACKTAG

**06:00** *Hauptteig kneten plus Stockgare*

- 200 g kühles Wasser (10–12 °C)
- reifer Sauerteig
- reifer Vorteig
- 30 g Roggenmehl Type 1150
- 340 g Weizenmehl Type 812
- 12 g Salz
- 7 g Frischhefe
- 10 g Schweine- oder Butterschmalz
- 10 g Roggenmalz oder Färbemalz (optional)
- 2 g gemahlener Kümmel (optional)

Nach der Reifezeit der Vorteige die Zutaten für den Hauptteig in die Knet-/Küchenmaschine geben. Zunächst alles 3–4 Minuten langsam, dann 2–3 Minuten auf nächsthöherer Stufe verkneten, bis der Teig glatt ist und sich von der Schüsselwand löst. Den Teig nun abgedeckt bei Raumtemperatur 45 Minuten reifen lassen.

**Arbeitszeit: 10 Minuten**
**Reifezeit: 45 Minuten**

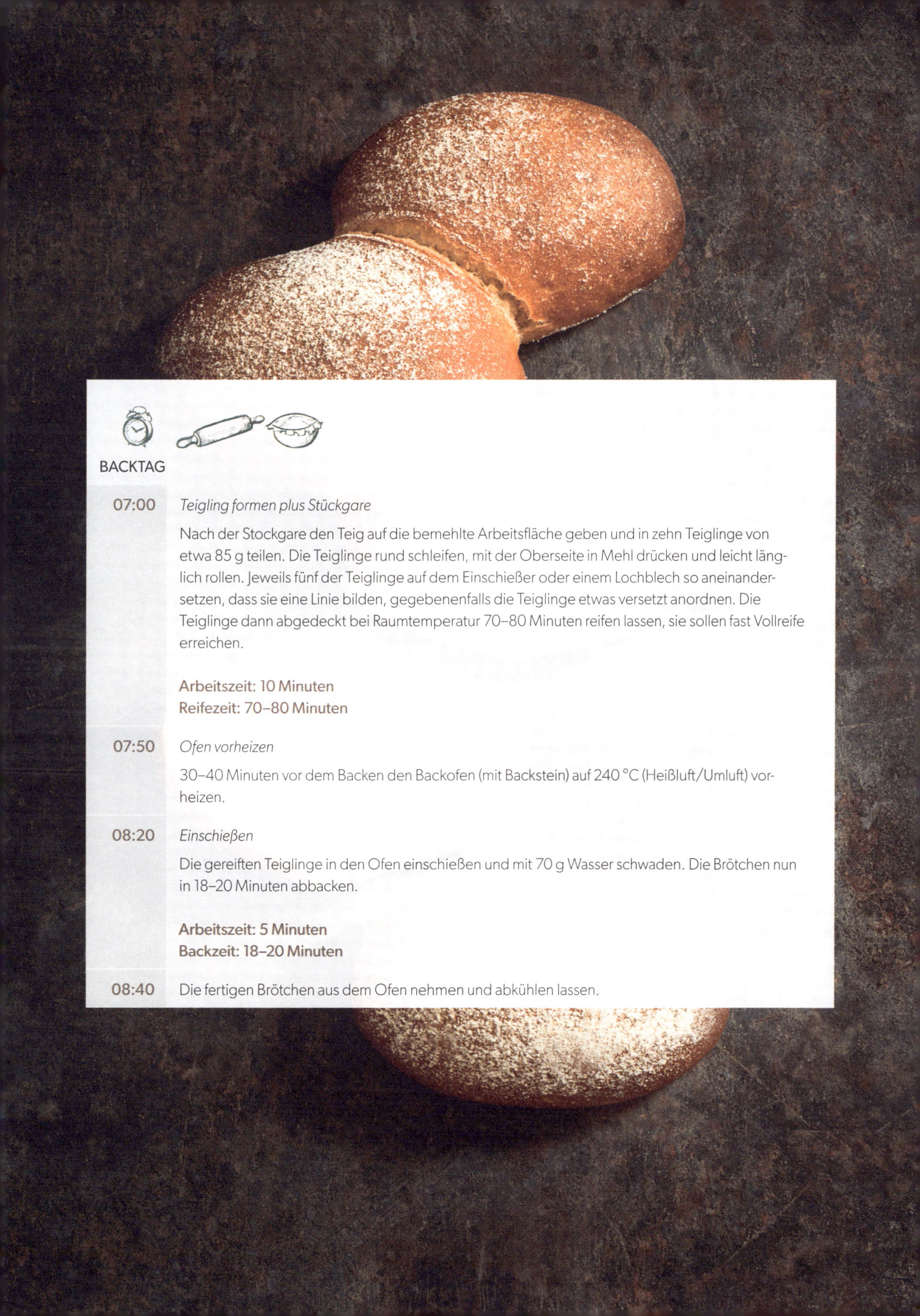

BACKTAG

**07:00** *Teigling formen plus Stückgare*

Nach der Stockgare den Teig auf die bemehlte Arbeitsfläche geben und in zehn Teiglinge von etwa 85 g teilen. Die Teiglinge rund schleifen, mit der Oberseite in Mehl drücken und leicht länglich rollen. Jeweils fünf der Teiglinge auf dem Einschießer oder einem Lochblech so aneinandersetzen, dass sie eine Linie bilden, gegebenenfalls die Teiglinge etwas versetzt anordnen. Die Teiglinge dann abgedeckt bei Raumtemperatur 70–80 Minuten reifen lassen, sie sollen fast Vollreife erreichen.

Arbeitszeit: 10 Minuten
Reifezeit: 70–80 Minuten

**07:50** *Ofen vorheizen*

30–40 Minuten vor dem Backen den Backofen (mit Backstein) auf 240 °C (Heißluft/Umluft) vorheizen.

**08:20** *Einschießen*

Die gereiften Teiglinge in den Ofen einschießen und mit 70 g Wasser schwaden. Die Brötchen nun in 18–20 Minuten abbacken.

**Arbeitszeit: 5 Minuten**
**Backzeit: 18–20 Minuten**

**08:40** Die fertigen Brötchen aus dem Ofen nehmen und abkühlen lassen.

# SCHUSTERJUNGS
## *Weizenmischbrötchen 60/40*

Neben Schrippen und Knüppeln sind die Schusterjungs ein weiteres traditionelles Kleingebäck aus Berlin. Schon in antiquarischen Lehrbüchern für Bäcker aus der ersten Hälfte des 20. Jahrhunderts werden sie erwähnt. Es handelte sich um etwas gehaltvollere Weizenmischbrötchen und sie wurden fast immer in eckiger Form angeboten. Heute findet man sie immer noch in Berliner Bäckereien, meistens mit höherem Roggenanteil.

Für 9 Brötchen (Gewicht pro Teigling ca. 100 g)
Teigtemperatur nach dem Kneten: 24 °C

VORTAG

**18:00** *Sauerteig ansetzen (Einstufenführung)*

- 100 g warmes Wasser (45 °C)
- 100 g Roggenvollkornmehl
- 5 g Sauerteiganstellgut

Für den Sauerteig die Zutaten vermischen und abgedeckt bei Raumtemperatur 10–14 Stunden reifen lassen.

Arbeitszeit: 5 Minuten
Reifezeit: 10–14 Stunden

BACKTAG

**06:00** *Hauptteig herstellen plus Stockgare*

- 240 g auf 20 °C temperiertes Wasser
- reifer Sauerteig
- 100 g Roggenmehl Type 1150
- 310 g Weizenmehl Type 550
- 12 g Salz
- 7 g Frischhefe
- 20 g Schweine- oder Butterschmalz
- 10 g inaktives Malz
- 2 g gemahlenes Brotgewürz (Fenchel, Anis, Kümmel)

Nach der Reifezeit des Sauerteigs die Zutaten für den Hauptteig in die Knet-/Küchenmaschine geben. Zunächst 6 Minuten auf langsamer Stufe verkneten, dann die Geschwindigkeit erhöhen und so lange kneten, bis der Teig glatt ist und sich von der Schüsselwand löst. Den Teig nun abgedeckt bei Raumtemperatur 45 Minuten ruhen lassen; er sollte dabei nur leicht aufgehen.

Arbeitszeit: 15 Minuten
Reifezeit: 45 Minuten

*Tipp*

Ein wenig Brotgewürz verfeinert den deftigen Geschmack und macht die Schusterjungs zu großartigen Begleitern von reifem Käse oder geräucherter Wurst.

BACKTAG

**06:45** *Teigling formen plus Stückgare*

Nach der Stockgare den Teig auf die bemehlte Arbeitsfläche geben und zu einem gleichmäßig breiten, 40–45 cm langen Strang formen. Die Oberfläche des Strangs von allen Seiten gut bemehlen. Ein Lochblech oder einen mit Backpapier belegten Einschießer bereitlegen. Von dem Strang neun gleich große, etwa 4–5 cm breite Teiglinge sauber abstechen, sodass sie zwei unbemehlte Schnittseiten haben. Die Teiglinge auf den vorbereiteten Einschießer oder das Lochblech setzen und gut abgedeckt bei Raumtemperatur mindestens 70 Minuten reifen lassen. Sie sollen in dieser Zeit fast Vollgare erreichen.

Arbeitszeit: 10 Minuten
Reifezeit: 70 Minuten

**07:30** *Ofen vorheizen*

30–40 Minuten vor dem Backen den Backofen (mit Backstein) auf 240 °C (Heißluft/Umluft) vorheizen.

**08:00** *Einschießen*

Gegebenenfalls die Oberfläche der gereiften Teiglinge vor dem Backen noch mal mit Mehl besieben. Dann in den Ofen einschießen und mit 60 g Wasser schwaden. Die Brötchen nun in etwa 20 Minuten abbacken.

Arbeitszeit: 5 Minuten
Backzeit: 20 Minuten

**08:20** Die fertigen Brötchen aus dem Ofen nehmen, mit Wasser besprühen und abkühlen lassen.

Weizen Vollkornmehl
2,5 kg

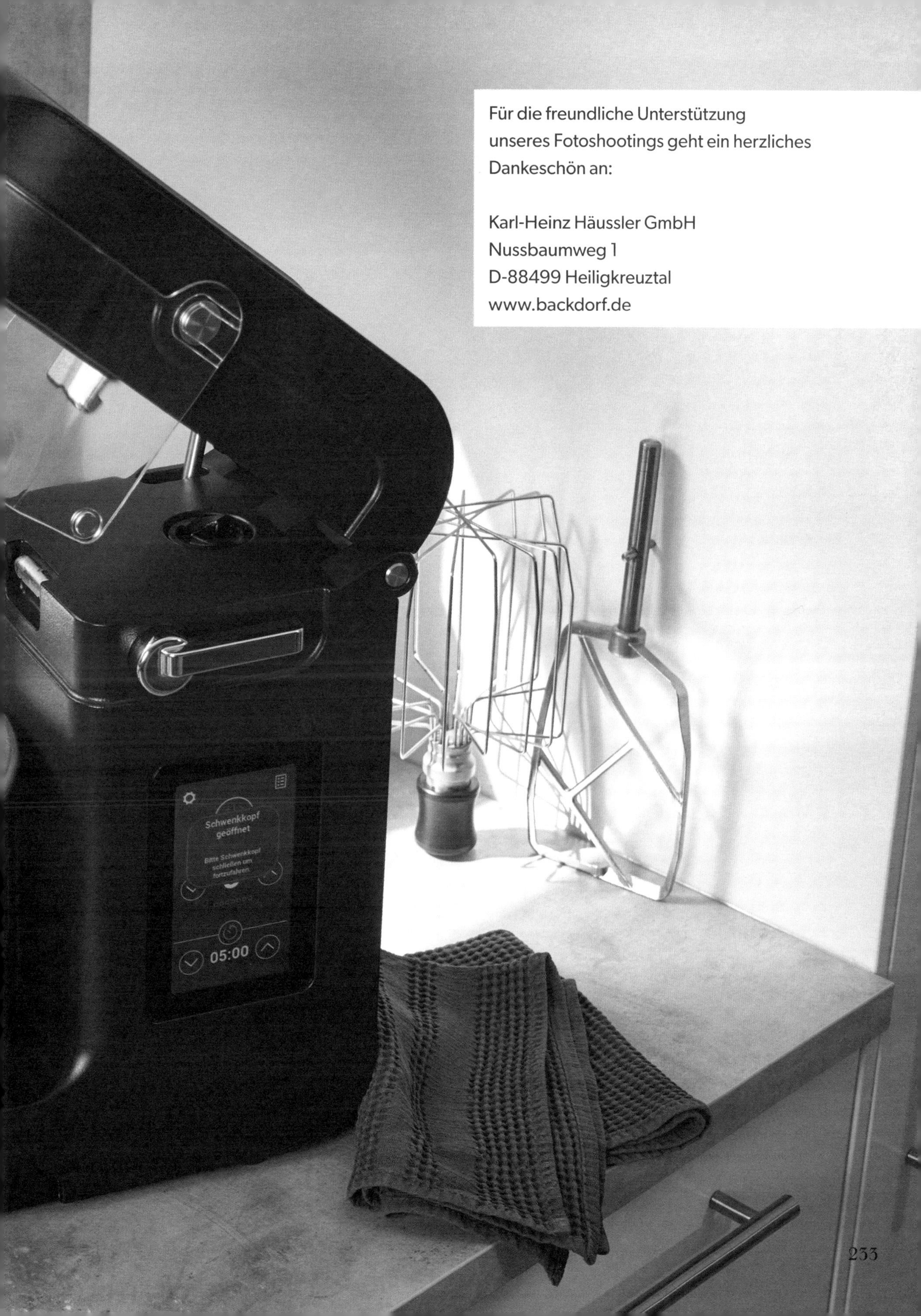


Für die freundliche Unterstützung
unseres Fotoshootings geht ein herzliches
Dankeschön an:

Karl-Heinz Häussler GmbH
Nussbaumweg 1
D-88499 Heiligkreuztal
www.backdorf.de

## WIR BEDANKEN UNS AUSSERDEM FÜR DIE UNTERSTÜTZUNG BEI:

Biomühle Eiling GmbH
Möhnestr. 98
D-59581 Warstein
www.biomuehle-eiling.de

Brotfee – Brotbackkurse
Heidi Schlautmann
Hultroper Str. 40a
D-59510 Lippetal
www.brotfee.de

Bax im Holz
Lausitzer Weg 1
D-86420 Diedorf
www.bax-im-holz.de

## ÜBER DEN AUTOR

»Der Brotdoc«, das ist Dr. med. Björn Hollensteiner, 1974 geboren und niedergelassener Hausarzt im Münsterland. Wenn der dreifache Familienvater nicht in seiner Praxis Patienten behandelt, dann entwickelt er eigene Rezepte und backt daraus natürliches und gesundes Brot. Seine Liebe zu französischen Baguettes führte vor über zehn Jahren dazu, dass er die ersten Schritte zum Selbstbacken guten Brotes tat. Das Brotbacken wurde zu einem passionierten Hobby und die selbst entwickelten Rezepte im Blog »Der Brotdoc« seit 2011 einer breiteren Öffentlichkeit bekannt. Sein Wissen gibt er außerdem in Hobby- und Profikursen weiter.

## ÜBER DIE FOTOGRAFIN

Nach ihrer Ausbildung zur Fotografin in einem renommierten Stuttgarter Werbestudio nahm Julia Hildebrand das Fotodesign-Studium an der Hochschule München auf. Seit 2010 arbeitet sie für Redaktionen, Verlage und Werbekunden als freischaffende Fotografin in den Bereichen Food und Still Life. Gemeinsam mit ihrem Kollegen Ingolf Hatz, gewann sie im Jahre 2016 den Gourmand World Cookbook Award für »81,6 kg – Food Art Book« und 2020 den Gourmand World Cookbook Award und die GAD-Silbermedaille für »Loretta kocht echt italienisch«.

# REZEPTREGISTER

# QUELLENANGABEN


Brude, Dr. G.: *Brot – seine Bedeutung in Vergangenheit und Gegenwart.* Verlag Landesanstalt für Erziehung und Unterricht, Stuttgart 1964.

Fornet, Dr. Artur: *Die Theorie der praktischen Brot- und Mehlbereitung.* Verlag F. A. Günther und Sohn, 4. Auflage, Berlin 1929.

»Germania« Centralverband Deutscher Bäcker-Innungen: *Lehrbuch für Bäcker-Fachschulen.* Berlin 1909.

Geißler, Lutz/Drax, Monika: *Brotbackbuch Nr. 3.* Eugen Ulmer Verlag, Stuttgart 2017.

Geißler, Lutz: *Brotbackbuch Nr. 4.* Eugen Ulmer Verlag, Stuttgart 2019.

Polytechnisches Journal: »Ueber Maschinenbäckerei und über die neue Knetmaschine des Hrn. Boland in Paris.«. Aus dem Bulletin de la Société d'Encouragement, Dec. 1847, S. 693. In: Band 108, 1848, Nr. XLII. (S. 200–207). Forschungsprojekt der DFG und der Humboldt-Universität Berlin zur Digitalisierung des Polytechnischen Journals. In Dingler-Online: (online: http://dingler.culture.hu-berlin.de/article/pj108/ar108042).

Schöllgen, Georg: *120 Back-Rezepte für gemischte Bäckerei-Betriebe.* Verlag Johannes Graffmann, Duisburg-Meiderich ca. 1920.

Stahl, E. J.: *Die Geschichte des deutschen Bäckers.* Verlag der allgemeinen Bäcker- und Konditor-Zeitung (Stähle & Friedel), Stuttgart 1911.

Steffen, Franz Josef: »Standardbrote«. In: *Brotland Deutschland Band 1.* Deutscher Bäcker Verlag, Bochum 1989.

Steffen, Franz Josef: »Spezialbrote«. In: *Brotland Deutschland Band 2.* Deutscher Bäcker Verlag, Bochum 2000.

Steffen, Franz Josef: »Schrot, Korn & Pumpernickel«. In: *Brotland Deutschland Band 3,* BackMedia Verlagsgesellschaft mbH, Bochum 2003.

Steffen, Franjo: »Brotland Deutschland«. In: *Backwaren aktuell,* Ausgabe 2/2011 (https://wissensforum-backwaren.de/backwaren-aktuell/).

Steiner, Emil: *Neues Konditorei, -Bäckerei- und Kochrezeptbuch.* Im Selbstverlag, gebunden durch Buchbinderei Paul Kessler, Kaltbrunn/Schweiz 1917.

Süddeutsche Zeitung: »Das älteste Brot der Welt«, 17.07.2018 (online: https://www.sueddeutsche.de/wissen/archaeologie-das-aelteste-brot-der-welt-1.4058057).

Wassermann, Prof. Dr. Ludwig: »Was sind Backmittel?«. In: *Informationen aus dem Backmittelinstitut,* 3. Auflage, 2003.

Wernicke, Walter: *Die Bäckerei – Theorie und Praxis der Brot- und Backwarenherstellung.* Fachbuchverlag, Leipzig 1956.

**Websites**

Deutsches Brotinstitut (https://www.brotinstitut.de)

Homebaking Blog (https://www.homebaking.at/)

Mipano Brotbacknetzwerk (https://mipano.de/)

Unser Aachen (https://unser-aachen.eu/pilgerweg-nach-moresnet/)

# DANKSAGUNGEN


Ich möchte mich an dieser Stelle bei allen Personen bedanken, die mich beim Verfassen dieses Buches unterstützt haben.

An der ersten Stelle geht ein besonderer Dank an meine Frau Bahar und meine Kinder Shadi, Shirin und Sheila, die wieder einmal viele Tage ohne mich verbracht haben. Ich hoffe, dass die vielen leckeren Backergebnisse, die ihr probieren durftet, euch dafür etwas entschädigt haben.

An zweiter Stelle bedanke ich mich bei meiner Kurspartnerin Heidi Schlautmann, die, ohne zu zögern, ihre Brotbackschule für eine Marathon-Backwoche zur Verfügung gestellt und mich beim Backen großartig unterstützt hat.

Weiter bin ich den Inhabern der Biomühle Eiling, Thorsten und Jens Eiling, zu großem Dank verpflichtet. Auch sie haben mich bei den Backversuchen und in der Backwoche mit ihren hervorragenden Produkten unterstützt. Bleibt so bodenständig, wie ihr seid, und so kompromisslos in der Qualität.

Julia Hildebrand hat erneut wunderbare Fotografien von den Backergebnissen angefertigt. Julia, ich weiß, wie viel Überstunden darin stecken – hab vielen Dank!

Ebenfalls bedanke ich mich bei Jochen Wallner von »Bax im Holz«, der mir Holzbackformen für die traditionellen Doppelbackbrote nach Maß angefertigt und zur Verfügung gestellt hat.

Bernd Neuner danke ich für seine kompetente Beratung zum Thema Makronenmasse und ihrer traditionellen Herstellung.

Auch an den Verlag, insbesondere an Stefanie Gückstock, geht mein Dank für die großartige Unterstützung in allen Belangen.

Nicht zuletzt bedanke ich mich aber auch bei Ihnen dafür, dass Sie dieses Buch gekauft und gelesen haben. Ich hoffe, dass Sie viel Freude dabei gehabt haben und dass Ihnen dieses Buch auf Jahre Anregung für gute selbst gebackene Brote schenkt.

Ihr Brotdoc Björn Hollensteiner

## IMPRESSUM

Produktmanagement: Stefanie Gückstock
Redaktion: Constanze Lüdicke
Korrektorat: Judith Bingel
Layout: a flock of sheep, Marcus Taeschner
Umschlaggestaltung: Regina Degenkolbe
Repro: LUDWIG:media
Herstellung: Bettina Schippel

Printed in Turkey by Ömür Printing & Packaging

Text & Rezepte: Dr. med. Björn Hollensteiner
Fotografie: siehe Bildnachweis

Unser Verlagsprogramm finden Sie unter

www.christian-verlag.de

★★★★★

**Sind Sie mit diesem Titel zufrieden? Dann würden wir uns über Ihre Weiterempfehlung freuen.**

Erzählen Sie es im Freundeskreis, berichten Sie Ihrem Buchhändler oder bewerten Sie bei Onlinekauf. Und wenn Sie Kritik, Korrekturen, Aktualisierungen haben, freuen wir uns über Ihre Nachricht an:

Christian Verlag
Postfach 40 02 09
D-80702 München
oder per E-Mail an lektorat@verlagshaus.de



In diesem Buch wird aus Gründen der besseren Lesbarkeit das generische Maskulinum verwendet. Weibliche und anderweitige Geschlechteridentitäten werden dabei ausdrücklich mitgemeint, soweit es für die Aussage erforderlich ist.

Bildnachweis: Alle Bilder des Innenteils und auf dem Umschlag stammen von Julia Hildebrand (www.juliahildebrand.de) mit Ausnahme von Seite 10, 16, 17: Björn Hollensteiner; Seite 11: Heinrich Genau; Seite 18: shutterstock.com/Morphart Creation; Seite 19: shutterstock.com/stockphotofriends; Seite 22: Accipiter/R. Altenkamp (CC BY-SA 3.0); Seite 23: shutterstock.com/Natalya Erofeeva; Seite 26: SLUB, digital.slub-dresden.de/id44573096X (Public Domain Mark 1.0); Seite 28: shutterstock.com/in_colors; Seite 30: shutterstock.com/Prostock-studio; Seite 38: shutterstock.com/ddok; Seite 235 rechts: Ingolf Hatz. Umschlagvorderseite: Frankenlaib (Rezept siehe Seite 166)

Die Deutsche Nationalbibliothek verzeichnet diese Publikation in der Deutschen Nationalbibliografie; detaillierte bibliografische Daten sind im Internet über http://dnb.d-nb.de abrufbar.

2. Auflage

Infanteriestraße 11a
80797 München

ISBN 978-3-95961-528-0